和食屋が教える、旨すぎる一汁一飯

汁とめし

笠原将弘

主婦の友社

はじめに

煮物やいため物など、おかずを作る余裕や時間が豊かにある時代ではなかったころ、家庭における汁物は〝おかず〟でした。季節の野菜をなべで煮る。前日に余った野菜やねり物なんかをちょっとずつ入れると、うまみも加わる。そこにみそをといたり、しょうゆを足したりすれば、具だくさんで栄養価の高い汁のでき上がりで、それと一緒にぴかぴかの白めしをよくかんで味わう。本来、日本の家庭料理とは、そういった滋味あふれるものだったと思います。

多忙が極まった現代。ときには飽食でなかったころの日本に倣い、おかず類は作らず、一汁一飯の「汁とめし」献立を実践してみてはどうでしょうか。ただしそれは、自分の手で作ってみてもらいたいのです。本書の汁は、おすすめの組み合わせや味つけを紹介していますが、基本は自由でいいですし、ごはんはおいしい炊き方（76ページ）で炊くと格段に旨くなります。量が足りないなと思う場合は、のっけめしや炊き込みごはんに挑戦してみてください。

和食のきほんとも言うべき「汁とめし」ですが、いちばん優れているのが〝誰でも気楽に作れる〟という点です。近所で手軽に買える食材や、冷蔵庫の残り物で十分おいしく作れます。特別な調味料や道具も使いません。多くのかたに「自分の食事を自分で準備すること」「食べる時間を楽しむこと」を見つめ直すよいきっかけにしてもらえたら、こんなうれしいことはありません。いま一度、日本の食生活の原点を見つめ直してみませんか。

賛否両論
笠原将弘

目次

汁を作る

めしを作る

この本の使い方

●小さじ1=5mℓ、大さじ1= 15mℓ、1カップ= 200mℓです。●米は1合= 180mℓです。●「だし」は和風のだしです。10 ~ 11ページを参考に準備をしてください。こぶ、削りがつお、煮干しはお好みのものを使ってください。●「鶏ガラスープ」は、鶏ガラスープのもとを表示どおりに希釈して使ってください。●「小麦粉」は薄力粉を使用しています。●レシピ上、野菜を「洗う」「皮をむく」などの作業は省略しています。 特に表記のない場合、それらの作業をすませてからの手順を説明しています。●フライパンはフッ素樹脂加工のものを使用しています。●「水どきかたくり粉」は、かたくり粉を同量の水でといたものです。

汁を作る

食事に主食のめしは欠かせないものですが、汁はまいにちはなくてもいいと考える人は少なくないかもしれません。でも、汁物の守備範囲はものすごく広く、献立の補足的な立ち位置のときもあれば、おかずにもなって主役を張るときもあります。変幻自在なので、日々の食事の中でとてもありがたい存在だと思うのです。

食材の組み合わせや、素材からのうまみの引き出し方、味つけの仕方など、ちょっと工夫をするだけで汁は驚くほど旨くなります。手間をかけずにおいしく作る方法はたくさんあるので、そのコツを生かした、家庭でも作りやすく、くり返し作って食べたくなる汁をえりすぐってご紹介します。

ほうっておくだけで旨いだしはとれる

だしのとり方（2～3人分）

1 なべに水600㎖、こぶ（だし用）10ｇ、煮干し10ｇを入れ、30分ほどおく（冷蔵室に一晩おくとなおよい）。

2 中火にかけて、ふつふつとしてきたら弱火にし、煮立てないようにして10分ほど煮て、火を止める。その後、時間があれば20分ほどおくと、こぶのうまみがより抽出される。こぶと煮干しをとり出す。

直径約20㎝のなべに
水６００㎖が
ちょうどいい。

だしをとるのは面倒だ、難しそうだと思っていませんか？　お吸い物はこぶと削りがつおでとった一番だし（68ページ）を使うのをおすすめしていますが、みそ汁に代表される日々の汁物のだしは、もっと気楽に考えてもらいたいと思っています。

私が考える家庭の汁物のだしは、なべに水600㎖、こぶ10g、煮干し10gを入れて30分ほどほうっておくだけ。30分はこぶや煮干しからうまみを引き出すための時間です。これが長ければうまみをもっと抽出できるので、一晩おいてもいいくらいです。その場合は冷蔵室に入れておけば、暑い季節でも安心です。作るときに火にかけますが、**ふつふつとしてきたらしばらく煮て、こぶと煮干しをとり出します。**こぶも煮干しも具として食べてもよいです。わざわざ「だしをとった」という感覚がないくらい簡単で、ラクな気持ちでできることがいちばん大切です。

こぶは具として料理に使う

とり出したこぶは細長く切って、そのまま汁の具として食べても。そのほかうまみを足すイメージで煮物やいため物の具にするとよい。佃煮にしてもおいしい。

市販のだしでも大丈夫です

時間がないときは便利な市販品に頼ることも大切だと思っているので、すぐに使える粉末のだしのもとやだしパックを使っても。その場合は貝類や野菜などのうまみが出やすい具と組み合わせるのがおすすめ。

朝、昼、晩、まいにち食べたい
みそ汁

具によって、煮る時間が違ったりはしますが、
作り方はほぼ同じです。これをベースにすれば、
どんなみそ汁もスムーズです。

◎きほんの作り方

一 具の準備

ふだん食べるみそ汁の具は2〜3種類でよく、大根、油揚げのように冷蔵庫に常備してあるものを組み合わせれば大丈夫です。食べやすい形に切ります。

二 煮る

なべにだし、具を入れて火にかけます。火の通りにくそうな具は先に入れて煮始め、火の通りやすい具はあとで入れることもあります。具に合わせて煮る時間を調節します。具に火が通ればよいのです。

三 みそを入れる

みそはとけにくいので、玉じゃくしにのせて煮汁を少しとり、菜箸でまぜてときのばしてからなべに入れましょう。コクを加えて味に変化をつけたいときはしょうゆ、みりん各小さじ1を加えて隠し味にするのもおすすめです。香りがとばないように、みそがとけたらすぐに火を止めます。

みそのこと

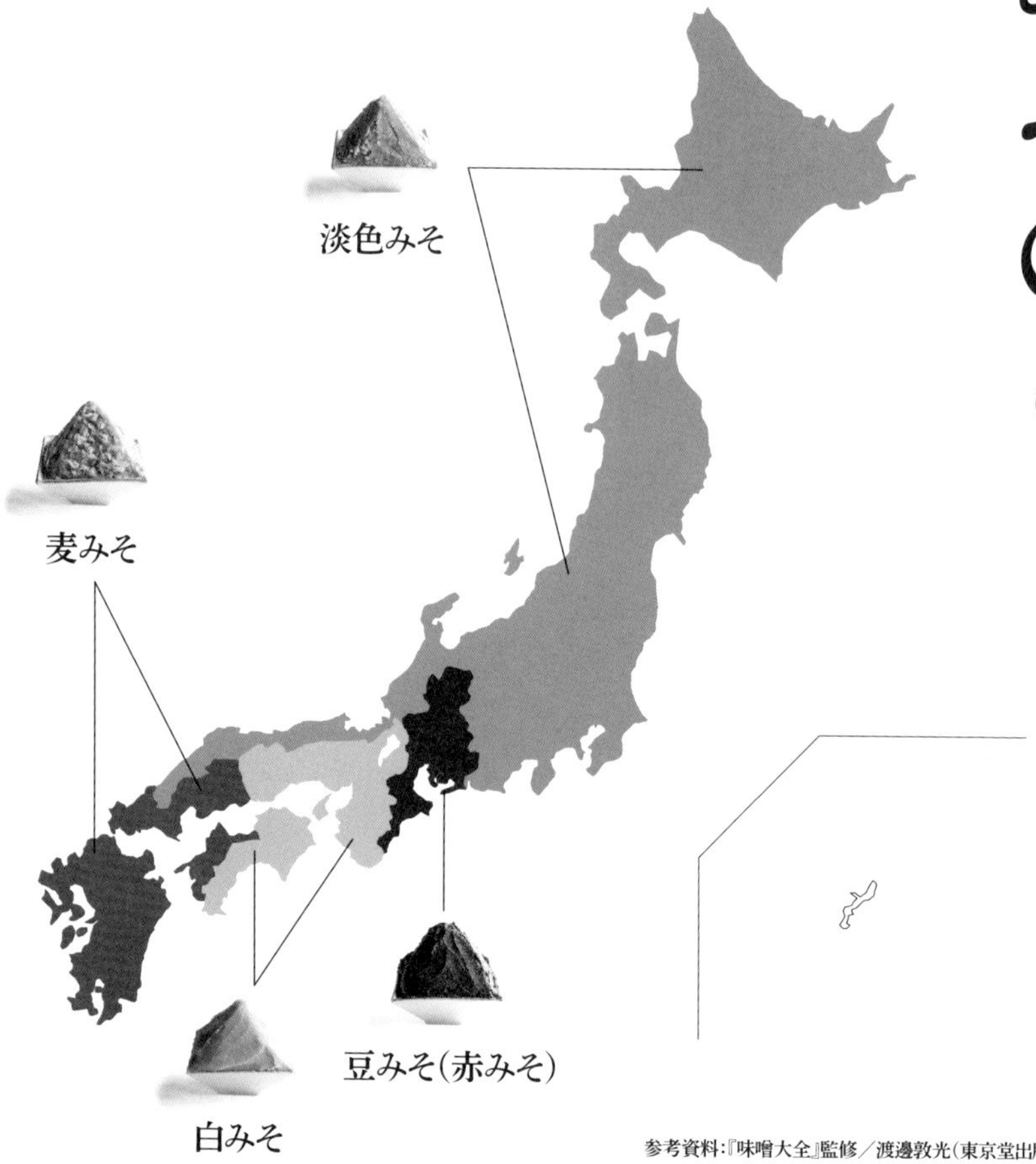

参考資料:『味噌大全』監修／渡邊敦光(東京堂出版)

みそは大豆、塩、麹をまぜて発酵、熟成させたものです。日本には多くの種類のみそがあり、大きく4つに分けられると考えています。北・東日本、北陸、山陰では塩辛い淡色みそ、関西、中国・四国の東部は甘くまったりとした白みそ、東海はすっきりとした味わいの豆みそ、中国・四国の西部や九州は香りがよく甘めの麦みそがよく使われています。

それぞれに味やうまみが違うので、1つのみそ汁にみそを2～3種類合わせて使うとうまみの相乗効果でよりおいしく仕上がります。特に離れた地域のものを合わせると、複雑な味わいになってその効果は顕著。こうしてみそをブレンドするだけで、新しい味に出会えるところも、みそ汁の大きな魅力です。

麦みそ

大豆、塩、麦麹をまぜて造る。麦麹の量が多いため、麦の香ばしい風味が強く、あっさりとしながらも甘みは強い。

淡色みそ

大豆、塩、米麹をまぜて造った辛口のみそ。熟成させる年数によって淡色から赤色に近いものまであり、日本の広範囲で使われている。

白みそ

大豆、塩、米麹をまぜて造るが、米麹の量が多いため甘みが強い。舌ざわりがとろりとして、冬のみそ汁に合う。塩分量が少なく変質しやすいため、早めに使いきりたい。

豆みそ(赤みそ)

大豆、塩、大豆麹をまぜて造る。甘みはあまりなく、渋みが感じられる。すっきりとした飲み口で、夏の食材によく合う。みそ汁にすると赤っぽいので、赤みそとも呼ばれる。

2〜3種のみそを1つの容器に入れて

種類の違うみそを合わせて使うとよりおいしくなるので、使いやすいように保存容器に詰め合わせておくと便利です。みそがまざらないように、こぶを仕切りにしても。みそがしみ込んだこぶは、だしをとるときに使うとおいしくておすすめです。

私が大好きな
みそ汁

みそ汁は、それぞれの家庭でよく使う具材が決まっていることが多いのではないでしょうか。私の家ではとうふ、ねぎ、わかめの組み合わせがよく登場していて、子どものころから大好きでした。実家は焼き鳥屋でしたから、私も店にいるとよく父がこのみそ汁を作ってくれました。おいしさは間違いないし、忙しい合間にさっと作れることもよかったのだと思います。

また、季節によっても食べたいみそ汁は違ってきます。夏はスーパーで熟したトマトを見たら赤みそと合わせたくなるし、根菜がおいしい秋冬には舌ざわりがとろりとしたみそ汁が食べたくなる。定番のもの、季節感のあるものなど、そのときどきでよく作っているみそ汁をご紹介します。

とうふ、ねぎ、わかめ

材料（2人分）

木綿どうふ…½丁（150g）

ねぎ…½本

わかめ（生、またはもどしたもの）…30g

だし…600mℓ

みそ…大さじ3

和食では、ねぎや、大豆から作られるとうふは山の幸、わかめは海の幸とされます。ひとつの椀で山の幸と海の幸の両方が簡単に出会うことができるのがみそ汁のよいところだと思います。定番の組み合わせですが、とうふを手でくずせば食感が変わるし、ねぎの厚さを変えれば甘みの引き出され方が変わってくる。まいにち同じ具にしたとしても、いくらでも変化を楽しめる。それもみそ汁のよいところだと私は思います。

1 具を切る

とうふは2cm角に切る。
ねぎは斜め薄切りにし、
わかめはざく切りにする。

とうふとわかめは
あたたまれば
よいので、
それに合わせて
ねぎも薄めに。
仕上がりが早い。

2 具を煮る

なべにだしとねぎを入れて
中火にかける。
煮立ったら弱火にし、
わかめ、とうふを加えてさっと煮る。

ねぎは先に
煮始めて、
うまみや甘みを
引き出す。

みその風味を
生かすために、
とけたら
長々と煮ないで
火を止める。

3 みそをとき入れる

玉じゃくしにみそを入れて
煮汁を少しすくい、
菜箸でみそをとき入れる。
みそがとけたら火を止める。

かぼちゃ、ほうれんそう、しいたけ

材料（2人分）
かぼちゃ…（正味）200g
ほうれんそう…½束
しいたけ…2個
だし…600mℓ
みそ…大さじ3
すり白ごま…大さじ1

かぼちゃは3cm角

ほうれんそうはかたい根元から入れ、10秒ほどしてから全体を沈める。

片手で根元を揃えて持ち、もう一方の手で上から下へ水けをしっかりしぼる。

1 なべに湯を沸かし、ほうれんそうをさっとゆでる（p.132）。水にとり、水けをしっかりしぼって3cm長さに切る。

2 かぼちゃはところどころ皮をむいて3cm角に切る。しいたけは軸を切り落として、薄切りにし、軸は手で裂く。

3 なべにだし、**2** を入れて中火にかける。煮立ったら弱火にしてかぼちゃがやわらかくなるまで5〜6分煮る。アクが出たら除く。**1** を加えてさっと煮る。みそをとき入れ、ごまを加える。

かぼちゃは実野菜、ほうれんそうは葉野菜、しいたけはきのこ。どれも味わいも食感も違うので、組み合わせることで、新しいおいしさを見つけられます。まず野菜を1つ決めて、違う仲間の野菜やきのこを自由に組み合わせてみてください。また、かぼちゃは黄色、ほうれんそうは緑、しいたけは黒といった具合に、色の違う食材を合わせるのもお椀の中がにぎやかになって楽しいものです。

とろみ感が出る
えのきの汁には
白みそを少し加えて
よりまったりさせたい。

えのきだけ、三つ葉、天かす

材料（2人分）

えのきだけ…1袋
三つ葉…10本
天かす…大さじ2
だし…600mℓ
A みそ、白みそ…各大さじ2

1 えのきだけは根元を除き、1cm長さに切ってほぐす。

2 三つ葉は茎は1cm長さに切り、葉はあらみじんに切る。

3 なべにだし、**1**を入れて中火にかける。煮立ったら弱火にして**2**を加えてさっと煮る。**A**をとき入れる。椀に盛り、天かすを散らす。

じゃがいもは男爵で
ほくほく食感を楽しみたい。
薄切りの玉ねぎがからんでうまい。

じゃがいも、玉ねぎ、絹さや

材料（2人分）

じゃがいも（男爵がおすすめ）…2個
玉ねぎ…½個
絹さや…8枚
だし…600㎖
みそ…大さじ3

1 じゃがいもは一口大に切り、さっと洗って水けをきる。玉ねぎは縦薄切りにする。絹さやは筋をとって斜めせん切りにする。

2 なべにだし、じゃがいも、玉ねぎを入れて中火にかける。煮立ったら弱火にし、じゃがいもに火が通るまで5〜6分煮る。アクが出たら除く。絹さやを加えてさっと煮て、みそをとき入れる。

絹さやは食感を楽しむために、下ゆでせずに仕上げに加える。

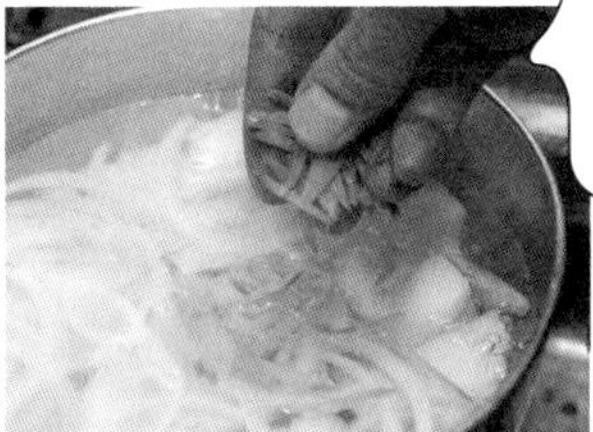

じゃがいもは一口大

トマトには、
すっきり辛口の
赤みそが好相性。
にらも加えて
夏らしい椀に。

トマト、にら、しょうが

材料（2人分）
トマト…2個
にら…5本
しょうがのすりおろし…10g
だし…600㎖
A 赤みそ…大さじ2
　みそ…大さじ1
みりん…小さじ2

1 トマトはへたをとる。なべに湯を沸かし、トマトを玉じゃくしなどにのせて湯に入れる。皮がはじけたら水に入れて、湯むきする（p.135）。八つ割りにしてから斜め半分に切る（一口大の乱切り）。にらは1cm長さに切る。

2 なべにだし、トマトを入れて中火にかけ、煮立ったら弱火にし、にらを加えてさっと煮る。**A**をとき入れ、みりんを加えてさっと煮る。椀に盛り、しょうがをのせる。

トマトは皮を除いて
歯ざわりをよくする。
湯につけて10秒ほどで
皮がはじける。

トマトは乱切り

ぽってりとした
とろみのあるなめこには
白みそがよく合う。
ほんのり甘みのあるみそ汁に。

ごぼう、九条ねぎ、なめこ

材料（2人分）

ごぼう… 50g
九条ねぎ… 1本
なめこ… 1袋
だし… 600mℓ
白みそ… 大さじ4½

1 ごぼうはささがき（p.133）にし、さっと洗って水けをきる。九条ねぎは斜め薄切りにする。

2 なべに湯を沸かし、なめこをさっとゆでて湯をきる。

3 なべにだし、ごぼうを入れて中火にかけ、煮立ったら弱火にしてごぼうがやわらかくなるまで3～4分煮る。アクが出たら除く。九条ねぎ、なめこを加えてさっと煮て、白みそをとき入れる。

汁物のごぼうは
できるだけ薄く。
早く煮えるだけでなく、
うまみと香りを
しっかり引き出せる。

ごぼうはささがき

なじみ食材のみそ汁

冷蔵庫に常備している野菜や、油揚げや厚揚げ、卵などまいにち見慣れた食材も、使い方を少し変えるだけでバリエーションが広がります。たとえば、大根をいちょう切りや千六本にするのは定番の切り方だけど、大根おろしにしてみるとさっぱりとした汁になる。卵を使う汁といえばかき玉汁が人気ですが、具を卵とじにするとおかず感が出て食べごたえもある。簡単だけど、今までとひと味違ったみそ汁を提案します。

安心感がある定番の組み合わせ。大根と油揚げの切り方を揃えると食べやすく、見た目も美しい。

大根、油揚げ

材料（2人分）
大根…200g
油揚げ…1枚
だし…600㎖
みそ…大さじ3

千六本は早く煮たいときに
有効な切り方なので、
大根のみそ汁には最適。
太さを揃えるときれいです。

1 大根は5cm長さに切り、縦薄切りにしてから細く切り、千六本（p.134）にする。油揚げはキッチンペーパーではさんで油を軽くとり、短い辺を半分に切ってから細切りにする。

2 なべにだし、**1**を入れて中火にかけ、煮立ったら弱火にして5〜6分煮る。大根がやわらかくなったらみそをとき入れる。

最近の油揚げは油の質がよいので、
湯をかける〝油抜き〟は不要。
余分な油を押さえれば十分。

淡泊ななすの汁には、
きりりとした香りの
みょうがを利かせたい。
ひき肉はほぐしすぎずに
食べごたえを出して。

なす、みょうが、鶏ひき肉

材料（2人分）

鶏ひき肉…100g
なす…1個
みょうが…2個
ごま油…小さじ1
だし…600mℓ
A みそ…大さじ2
　赤みそ…大さじ1

1 なすは縦半分に切って斜め薄切りにし、さっと洗う程度にさらし（p.135）、水けをきる。みょうがは小口切り（p.132）にする。

2 なべにごま油を中火で熱し、ひき肉をいためる。ほぐれて肉の色が変わったら、なすを加えてさっといため合わせる。

3 だしを加えてひと煮立ちさせてアクを除き、弱火にして2〜3分煮る。**A**をとき入れ、みょうがを加える。

なすのアクは強くないため、水に浸さなくてもよい。さっと洗う程度で。

なめこと長いもの
ダブルのとろみで
のどごしよく
ずるずるっと食べたい。

とうふ、なめこ、とろろ

材料（2人分）
木綿どうふ…$\frac{1}{2}$丁
なめこ…1袋
長いも…100g
だし…600mℓ
みそ…大さじ3

1 とうふは1cm角に切る。なめこはさっと下ゆでし、湯をきる。

2 長いもは包丁でたたき、とろろ状にする。

3 なべにだしを入れて中火にかけ、**1** を入れて煮る。とうふがあたたまったら、みそをとき入れる。椀に盛り、**2** をかける。

フレッシュ感のある
青のりや大根おろしで、
汁物だけど、みずみずしい。
さっぱりと食べたいときに。

とうふ、生青のり、大根おろし

材料（2人分）

木綿どうふ…½丁
大根…200g
生青のり…40g
だし…600mℓ
みそ…大さじ3

1 大根はすりおろし、汁けを軽くきる。

2 なべにだしを入れて中火にかけ、とうふを手でくずし入れて煮る。とうふがあたたまったら青のりを加えてさっと煮て、みそをとき入れる。椀に盛り、**1** をのせる。

敬愛する池波正太郎先生は
この汁を、酒のあてにして
めしも食べていたとか。
ねぎだけの甘みを堪能して。

根深汁《ねぶかじる》

材料（2人分）

ねぎ…1本
だし…600㎖
みそ…大さじ3

1 ねぎは1.5㎝長さに切る。

2 なべに**1**とだしを入れて中火にかける。煮立ったら弱火にし、ねぎがやわらかくなるまで5分ほど煮て、みそをとき入れる。

弱火でていねいに煮ると、甘みが引き出され、歯ざわりのよい極上のねぎになる。

鶏肉がたっぷりだから
おかず感覚で食べてほしい。
甘みが強いキャベツの軸も余さずに。

キャベツと鶏肉の卵とじ

材料（2人分）
鶏もも肉…150g
キャベツ…1/6個
卵…1個
だし…600㎖
みそ…大さじ3

1 キャベツは2㎝四方に切り、軸は薄切りにする。鶏肉は一口大に切る。

2 なべにだし、**1**を入れて中火にかけ、煮立ったらアクを除き、弱火にして5分ほど煮る。

3 卵はときほぐす。**2**にみそをとき入れ、とき卵をなべの中心から外に向けて回し入れ、ふんわりとしたら火を止める。

なべの縁側は温度が高いので、中心から外に向けて卵を回し入れると、均一に火が入りふんわりと仕上がる。

軸は薄切り

キャベツは2㎝四方

厚揚げの香ばしいうまみを
かぶがしっかり吸って
ジュワッと口に広がる。

かぶ、厚揚げ

材料（2人分）
厚揚げ…150g
かぶ…2個
だし…600mℓ
A みそ、白みそ…各大さじ2

1 かぶは縦半分に切り、縦5㎜厚さに切る。茎は適量を小口切りにする。厚揚げはキッチンペーパーではさんで軽く油をとり、1㎝厚さに切る。

2 なべにだし、かぶ、厚揚げを入れて中火にかける。煮立ったら弱火にし、かぶがやわらかくなるまで5分ほど煮る。かぶの茎を加えてさっと煮て、**A**をとき入れる。

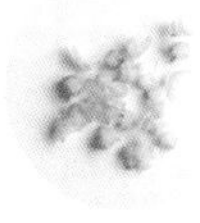
茎は小口切り

かぶは5㎜厚さ

だしとりいらずのみそ汁

あさりから出るうまみにはほどよい塩けも含まれる。玉ねぎの甘みが好相性だ。

あさり、しじみなどの貝類、塩さば、鶏手羽、ベーコンなどのうまみをたっぷり含む食材は、煮ている間に煮汁にそのうまみが引き出されるため、あらかじめだしを用意する必要はありません。

こぶと一緒に煮てまろやかさを煮汁に加えるのもポイントです。また、貝類に含まれるコハク酸といううまみ成分は酒と相性がよく、貝の汁に酒を加えるとよりおいしく仕上がります。塩さばや鶏手羽も酒を加えることでくさみがぬけ、すっきりした味わいになります。食材本来のうまみを生かした格別な汁を味わってほしいです。

あさり、玉ねぎ

材料（2人分）

あさり…200g
玉ねぎ…1/2個
A
こぶ（だし用）…3g
水…500mℓ
酒…100mℓ
みそ…大さじ3

1 あさりはバットに重ならないように入れ、2%の塩水（水200mℓの場合は塩小さじ2/3）をひたひたに加え、冷蔵室に入れて1時間ほどおき、砂出し（p.133）をする。暗いほうが砂を吐き出しやすいので、冷蔵室にスペースがなければ室内におき、アルミホイルなどをかぶせる。殻と殻をこすり合わせて洗う。

2 玉ねぎは縦薄切りにする。

3 なべに**A**、**1**、**2**を入れて中火にかけ、煮立ったらアクを除く。弱火にしてあさりの口がすべて開くまで煮る。煮汁が減ったら水を足す。こぶをとり出し、みそをとき入れる。

塩水は
あさりの上の殻が
ぎりぎり出る
くらいの高さが目安。
暗くして海に近い
環境をつくって。

だしを
使わないみそ汁は、
水にこぶ、
酒を加えるのが
きほんです。

すっきりとした味に
仕上げたいときは
アクをていねいに
とってみて。

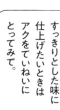

うまみの強い
しじみには、
三つ葉や粉山椒で
すっきりとした
香りを加える。

しじみ、三つ葉

1 しじみは砂出し（p.133）をし、殻と殻をこすり合わせて洗う。三つ葉は3cm長さに切る。

2 なべに**A**、しじみを入れて中火にかけ、煮立ったらアクを除く。弱火にしてしじみの口がすべて開くまで煮る。煮汁が減ったら水を足す。こぶをとり出して三つ葉を加えてさっと煮て、**B**をとき入れる。椀に盛り、粉山椒を振る。

材料（2人分）

しじみ…200g
三つ葉…5本

A
こぶ（だし用）…3g
水…500mℓ
酒…100mℓ

B
赤みそ…大さじ2
みそ…大さじ1

粉山椒…少々

赤みそはかたいので、みそに煮汁少々を加えてまぜ、なめらかにしてから入れる。

ベーコン、もやし、バター

みそ汁にバターを足すと一気に洋風の趣に。
鉄板焼き屋で食べた味がヒントになっています。

材料（2人分）
ベーコン…4枚
もやし…100g
バター…10g
塩…少々
A
こぶ（だし用）…3g
水…600㎖
B
みそ…大さじ2
白みそ…大さじ1

1 ベーコンは1cm幅に切る。もやしはひげ根をとる。

2 なべに**A**、ベーコンを入れて中火にかけ、煮立ったら弱火にして5分ほど煮る。

3 煮る間にフライパンにバターを入れて中火にかけ、もやしをさっといため、塩を振る。**2**のこぶをとり出して**B**をとき入れ、椀に注ぐ。もやしを加え、好みでこしょう（適量）を振っても。

ベーコンを煮る間に
もやしをいためて、
アツアツを食べるのがいい。

塩さばの船場汁《せんばじる》風

材料（2人分）

塩さば（半身）…1枚
大根…150g

A
- こぶ（だし用）…3g
- 水…500mℓ
- 酒…100mℓ

みそ…大さじ3
ねぎの小口切り…¼本分
あらびき黒こしょう…少々

大根はいちょう切り

塩さばは
中骨をとってあるので
扱いやすく、
魚の汁の実として
使い勝手がいい。

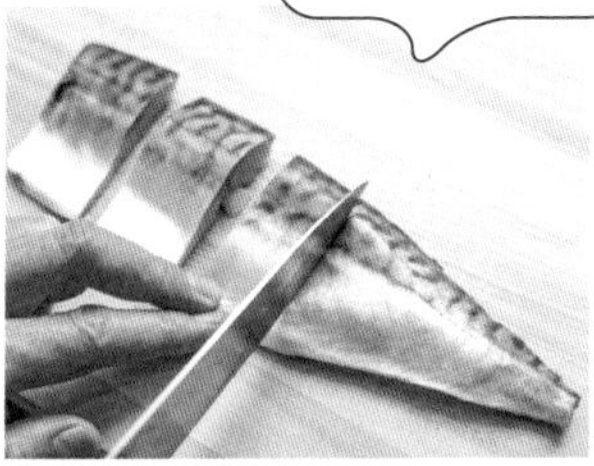

みそを加える前に
こぶをとり出す。
こぶのまろやかなうまみが、
さばの強いうまみを
引き立てている。

1 大根は5㎜厚さのいちょう切りにする。

2 塩さばは小骨があればとり、食べやすい大きさに切る。

3 なべに**A**、**1**、**2**を入れて中火にかけ、煮立ったらアクを除く。弱火にし、大根がやわらかくなるまで15分ほど煮る。煮汁が減ったら水を足す。こぶをとり出し、みそをとき入れる。椀に盛り、ねぎをのせてこしょうを振る。

大阪の問屋街・船場が発祥とされている船場汁は、本来はさばのあらも使い、大根と煮るすまし仕立ての汁。切り身の塩さばを使えば下ごしらえは不要だし、魚介の中でもお手ごろなのがうれしい。しょうゆで調味してもよいですが、さばのあぶらにはみそのコクがよく合うと思います。あらびき黒こしょうを振って味を引き締めるのもおすすめです。

手羽先はやわらかく、
白菜はとろりとして
優しい味に。

鶏手羽先、白菜

材料（2人分）

鶏手羽先…6本
白菜…200g
しいたけ…2個
A
こぶ（だし用）…3g
水…500mℓ
酒…100mℓ
みそ…大さじ3
七味とうがらし…少々

1 白菜は葉はざく切りにし、軸は一口大のそぎ切りにする。しいたけは軸を切って薄切りにし、軸は裂く。

2 手羽先は関節から先を切り落とし、皮目を下にして切り込みを入れる。

3 なべに**A**、**1**、**2**を入れて中火にかけ、煮立ったらアクを除く。弱火にして15分ほど煮る。煮汁が減ったら水を足す。こぶをとり出し、みそをとき入れる。椀に盛り、七味とうがらしを振る。

2本の骨の間に切り込みを入れて、火を通りやすくする。うまみもよく出る。

かちゅー湯《ゆ》

材料（1人分）

花がつお…5g
しょうがのすりおろし
…小さじ½
細ねぎの小口切り…適量
みそ…大さじ1
みりん…小さじ½

1 椀に花がつお、しょうが、細ねぎ、みそ、みりんを入れる。熱湯200mℓを注ぎ、みそがとけるまでよくまぜる。

飲んだあとの〆に飲みたくなる
沖縄の郷土食。

汁の実は、貝割れ菜や
みょうがなどなんでも合う。

体が整う
みそ汁

酒粕は日本酒を
製造するときの副産物で、
栄養価がとても高い。
酒のうまみが漂って
大人の味わいの汁になる。

発酵食品は腸内環境を整えて体調をよくするといわれます。**みそをはじめ、酒粕、白菜キムチ、納豆なども手軽に使える発酵食品**ですから、みそ汁に使ってみてください。熟成したうまみがたまりません。

また、私は疲れたなぁと思ったら、**疲労回復効果が高いといわれる豚肉**をよく食べます。ふだんのみそ汁には肉はあまり使わないですが、エネルギーチャージをしたいときには汁物にも活用しますね。

粕汁《かすじる》

材料（2人分）

大根…100g
にんじん…50g
九条ねぎ…1本
こんにゃく…100g
油揚げ…1枚
だし…600mℓ
酒粕（板粕）…50g
水…100mℓ
白みそ…大さじ2
薄口しょうゆ…小さじ1
七味とうがらし…少々

大根はいちょう切り
にんじんは半月切り
九条ねぎは斜め薄切り

酒粕はかたいので水でのばす。すり鉢とすりこ木やフードプロセッサーを使っても。

1 酒粕は3〜4つに切り分けてはボウルに入れる。水を少しずつ加え、そのつど木べらで酒粕をつぶしながら水となじむようによくまぜ合わせる。なめらかになったら、みそ、しょうゆを加えてよくまぜる。

2 こんにゃくは5mm厚さに切り、水から5分ほどゆでて水けをきる。

3 大根は5mm厚さのいちょう切りにし、にんじんは皮つきのまま5mm厚さの半月切りにする。九条ねぎは斜め薄切りにする。

4 フライパンに油揚げを入れて中火にかけ、焼き色がついてカリッとするまで両面を焼く。とり出して2cm四方に切る。

油揚げの香ばしさやカリッとした食感がアクセントになるので、しっかり焼く。

5 なべにだし、**2**、大根、にんじんを入れて中火にかけ、煮立ったらアクを除く。弱火にして大根がやわらかくなるまで15分ほど煮る。煮汁が減ったら水を足す。**1**をとき入れて5分ほど煮て、九条ねぎを加えてさっと煮る。椀に盛り、**4**をのせて七味とうがらしを振る。

たっぷりのにんにくやとうがらしを使って、
体の芯からあたたまる汁に。
春夏でも冷えたときにおすすめ。

豚そぼろ、にら、にんにく、オクラ

材料（2人分）

豚ひき肉…150g
にら…3本
オクラ…5本
塩…適量
にんにくの薄切り…2かけ分
赤とうがらしの小口切り
…2本分
ごま油…小さじ1
だし…600mℓ
A みそ、赤みそ、白みそ
…各大さじ1

1 にらは1cm長さに切る。オクラは塩ずり（p.133）してさっと洗い、へたを切り落として小口切り（p.132）にする。

2 フライパンにごま油を中火で熱し、ひき肉をいためる。ほぐれて脂が出てきたら**1**、にんにく、赤とうがらしを加え、いため合わせる。

3 だしを加えてひと煮立ちさせ、アクが出たら除いて、**A**をとき入れる。

オクラは小口切り

疲労回復効果のある豚肉と、発酵食品のキムチを合わせた元気が出る汁物だ。

豚肉、キムチ、貝割れ菜

材料（2人分）

豚バラ薄切り肉…150g
白菜キムチ…80g
貝割れ菜…⅓パック
ごま油…小さじ1
だし…600mℓ
みそ…大さじ3

1 貝割れ菜は1cm長さに切り、豚肉は3cm長さに切る。キムチはざく切りにする。

2 フライパンにごま油を中火で熱し、豚肉をいためる。色が変わってほぐれたらキムチを加え、香りが立つまでいためる。

3 だしを加えてひと煮立ちさせ、アクが出たら除き、みそをとき入れる。椀に盛り、貝割れ菜をのせる。

食べごたえのある鶏肉に、滋養効果の高いごぼうと卵で栄養満点の汁に。

鶏肉、ごぼう、落とし卵

材料（2人分）

鶏もも肉…150g
ごぼう…60g
三つ葉の茎…3本
卵…2個
だし…600mℓ
A みそ…大さじ2
　白みそ…大さじ1

ごぼうはささがき

1 ごぼうはささがきにし（p.133）、洗って水けをきる。三つ葉の茎は小口切り（p.133）にする。鶏肉は一口大に切る。

2 なべにだし、ごぼう、鶏肉を入れて中火にかけ、煮立ったらアクを除いて、弱火にして5分ほど煮る。煮汁が減ったら水を足す。

3 **A**をとき入れ、卵を割って1個ずつ落とし入れ、中火にして5分ほど煮る。椀に盛り、三つ葉の茎をのせる。

〝落とし卵〟はなべのふちに静かに入れて5分煮る。白身が広がらず形よく仕上がる。

とうふ、納豆、みその
大豆づくしの汁はたんぱく質がたっぷり。
さっぱりとしたうまみに
納豆のぬめりがたまらない。

おぼろどうふ、納豆、細ねぎ

材料（2人分）

おぼろどうふ…200g
納豆…2パック
細ねぎの小口切り…5本分
だし…600mℓ
みそ…大さじ3

1 納豆は添付のたれを加えて、まぜる。添付のねりがらしはとっておく。

2 なべにだしを入れて中火にかけ、おぼろどうふを玉じゃくしでざっくりとすくって入れる。とうふがあたたまったらみそをとき入れる。

3 椀に盛り、納豆、細ねぎをのせ、ねりがらしをのせる。

白めしが相棒

主役になる汁

主役になる汁というと作るのが大変そうに聞こえますが、ふだん作っている野菜の汁物に肉や魚介を加えるというスタンスで作ればいいので、まったく面倒ではありません。具だくさんになるからおかずも兼ねており、ごはんも白めしでいい。だから晩ごはんの準備はかえってラクになると思います。たっぷり食べられるように、2人分の材料を少し多めにしているので、卓上に出せるなべで作って、なべ料理感覚で食べるのも楽しいものです。残ったら翌日の朝食にも活用できますね。

鶏の水炊き風スープ

材料（2人分）

鶏手羽元…6本
白菜…200g
えのきだけ…½袋
ねぎ…⅓本
大根…100g
一味とうがらし…少々

A
こぶ（だし用）…3g
水…600mℓ
酒…100mℓ
塩…少々

B
薄口しょうゆ…大さじ2
みりん…大さじ1
塩…少々

C
酢、みりん、しょうゆ…各大さじ1

煮る時間は少し長いですが、なべに材料を入れて煮始めてしまったら、なべにおまかせでほぼ手間なしです。コトコト煮る間に手羽元がやわらかくなって、スープはうまみがたっぷり。野菜は白菜のかわりにキャベツ、えのきだけのかわりにほかのきのこを使ってもいいですし、小松菜やせりなどの青菜を加えてもかまいません。薬味にもみじおろしを用意して、辛みを利かせながらもさっぱりと食べるのがおすすめです。

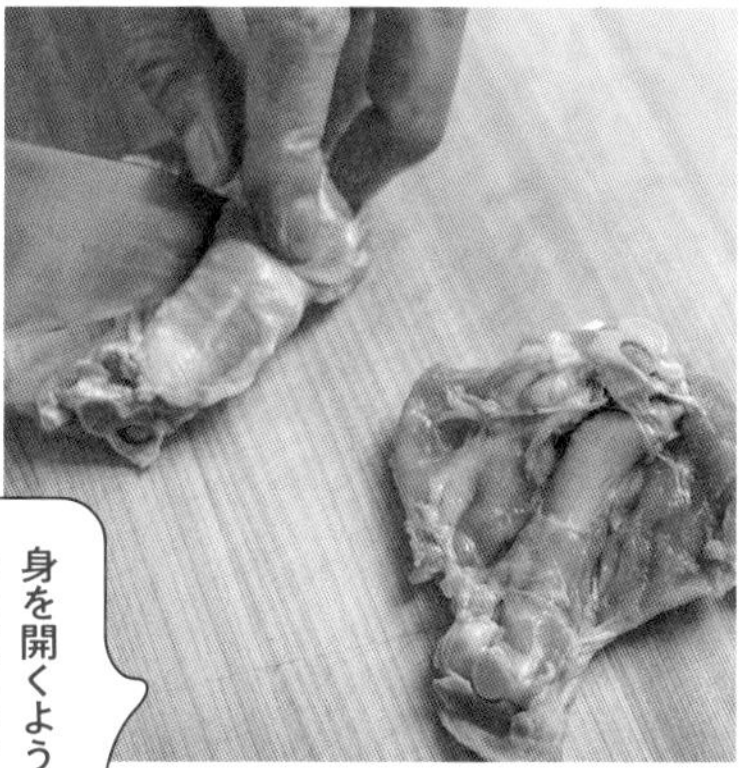

身を開くようにして、
火を通りやすくする。

1 具の準備をする

白菜の葉は3cm四方、
軸は5cm長さの拍子木切りにする。
えのきだけは根元を除いてほぐす。
ねぎは斜め薄切りにする。
手羽元は皮目を下にして置き、
骨の両側に深く切り込みを入れる。

2 具を煮る

骨つき肉は
長めに煮て
やわらかくし、
おいしいエキスを
とことん引き出す。

なべに **A**、手羽元を入れて
強火にかける。
煮立ったら中火にしてアクを除き、
20 分ほど煮る。
煮汁が減ったら水を足す。
白菜、えのきだけ、ねぎを
加えて弱火にし、10 分ほど煮て
こぶをとり出し **B** を加える。

3 仕上げる

大根はすりおろして水けをしぼり、
一味とうがらしを加えてまぜ、
もみじおろし（p.135）を作る。
C をまぜてたれを作る。
椀に **2** を盛り、もみじおろし、
たれを添える。

王道豚汁

豚汁はバラエティーに富んでいますが、まずは王道のおいしさを知っておきましょう。豚肉のうまみを根菜が吸い、根菜の滋味が汁ににじみ出ています。ベースはみそ味ですが、みりんやしょうゆでコクを加えて、さらに味わい深く仕上げます。

そして、玉ねぎたっぷりの豚汁は優しい甘さで、担担風の豚汁はごまの濃厚な味わい。一口に豚汁といっても、具材も味つけも決まりはなく、自由でいいんだと思います。

材料（2人分）

- **豚バラ薄切り肉**…100g
- **大根**…100g
- **にんじん**…50g
- **ごぼう**…80g
- **こんにゃく**…50g
- **だし**…600㎖
- **みそ**…大さじ3
- **A**
  - みりん…大さじ1
  - 薄口しょうゆ…小さじ1
  - しょうがのすりおろし…小さじ½
- **ごま油**…小さじ1
- **ねぎの小口切り**…¼本分

ごま油でいため、香ばしさをアップしてコクを加える。

仕上げにしょうがを加えて、風味よく。

1 大根は5㎜厚さのいちょう切りに、にんじんは皮つきのまま5㎜厚さの半月切りにする。ごぼうは5㎜厚さの斜め切りにする。こんにゃくは5㎜厚さに切る。すべてをなべに入れてかぶるくらい（p.132）の水を加え、強火にかける。煮立ったら中火にして5分ほど下ゆでをし、湯をきる。

2 豚肉は3cm長さに切る。フライパンにごま油を中火で熱し、豚肉をいためる。色が変わってほぐれたら**1**を加え、油がなじむまでいため合わせる。

3 だしを加えてひと煮立ちさせ、アクを除く。弱火にしてごぼうがやわらかくなるまで10分ほど煮る。煮汁が減ったら水を足す。みそをとき入れ、**A**を加える。椀に盛り、ねぎをのせる。好みで七味とうがらしを振る。

新潟で食べた豚汁の有名店の味。
たっぷりの玉ねぎを30分煮ると
うまみと水分が引き出される。
一緒に煮た豚肉ととうふも絶品だ。

くたくた玉ねぎととうふの豚汁

材料（2人分）

豚バラ薄切り肉…150g
玉ねぎ…2個
木綿どうふ…1丁
だし…300mℓ
A
みそ…大さじ2
白みそ…大さじ1

1 玉ねぎは縦薄切りにする。とうふは半分に切って1cm厚さに切る。豚肉は5cm長さに切る。

2 なべにだし、豚肉を入れて中火にかけ、肉をほぐしながら煮る。煮立ったらアクをしっかり除き、弱火にして**A**をとき入れる。玉ねぎを広げて加え、とうふをあまり重ならないように並べ、ふたをして弱火のまま30分ほど煮る。

3 とうふをくずさないようにしながら全体をまぜ合わせる。

豚肉や煮汁が隠れるほど玉ねぎがたっぷり。煮汁が蒸発しないようにふたはぴったりと。

まろやかな豆乳ベースの汁はごまの風味がよく、辛みがきいている。本格味だけど、コスパもいい。

ごま担担豚汁

材料（2人分）

豚バラ薄切り肉…100g
もやし…100g
にら…2本
にんにくのみじん切り…1かけ分
ねぎのみじん切り…$1/4$本分
ごま油…小さじ1

A

だし…400mℓ
みそ…大さじ2
砂糖、しょうゆ…各大さじ1

B

豆乳（成分無調整）…200mℓ
ねり白ごま…大さじ2
酢…大さじ1
ラー油…小さじ1

すり白ごま…大さじ1
糸とうがらし…少々

1 もやしはひげ根をとる。にらは5cm長さに切る。豚肉は3cm長さに切る。**B** はまぜる。

2 フライパンにごま油を中火で熱し、豚肉をいためる。ほぐれて色が変わったらにんにく、ねぎを加え、香りが立つまでいためる。**A** を順に加えてひと煮立ちしたらアクを除き、もやし、にらを加えてさっと煮る。**B** を加えて弱火にし、5分ほど煮る。

3 椀に盛り、ごまを振って、糸とうがらしをのせる。

鮭の石狩汁

材料（2人分）

塩鮭（甘口）…2切れ
じゃがいも（男爵）…2個
ねぎ…½本
大根…100g

A
こぶ（だし用）…3g
水…600mℓ
酒…大さじ2

B
みそ…大さじ2
みりん、しょうゆ…各大さじ1

バター…10g

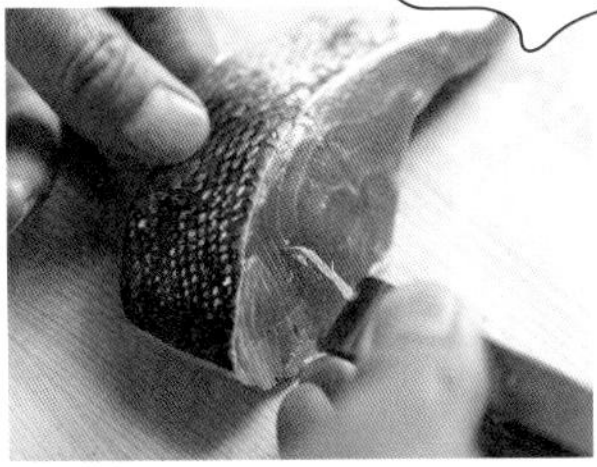
鮭の表面を指先でそっと触って骨を感じたら、骨抜きで抜く。

みりんを加えることで、煮汁がまろやかになって味に深みが出る。

1 鮭は小骨を抜き（p.133）、一口大に切る。

2 じゃがいもは大きめの一口大に、ねぎは斜め薄切りにする。大根は5㎜厚さのいちょう切りにする。

3 なべに**A**、**1**、**2**を入れて中火にかけ、煮立ったらアクを除く。弱火にし、じゃがいもがやわらかくなるまで10分ほど煮る。煮汁が減ったら水を足す。こぶをとり出し、**B**を加える。椀に盛り、バターをのせる。

石狩汁は、秋に獲れる新鮮な鮭に、秋が旬のじゃがいもを組み合わせた、北海道石狩地方の郷土料理。じゃがいもは少し煮くずれて煮汁にとろみがついたほうが好みなので男爵を使いますが、好きな品種でかまいません。コクのあるみそ味にバターでまろやかさを加えて、北海道の味を楽しんでみてください。

鶏つくねきのこ汁

材料（2人分）

鶏ひき肉…200g

玉ねぎ…200g

A
- かたくり粉、みりん、しょうゆ…各小さじ2
- 砂糖、塩…各少々

しいたけ…2個

しめじ…1/2パック

えのきだけ…1/3袋

B
- こぶ（だし用）…3g
- 水…600mℓ
- 酒…大さじ2

C
- 薄口しょうゆ…大さじ2
- みりん…大さじ1
- 塩…少々

細ねぎの小口切り…3本分

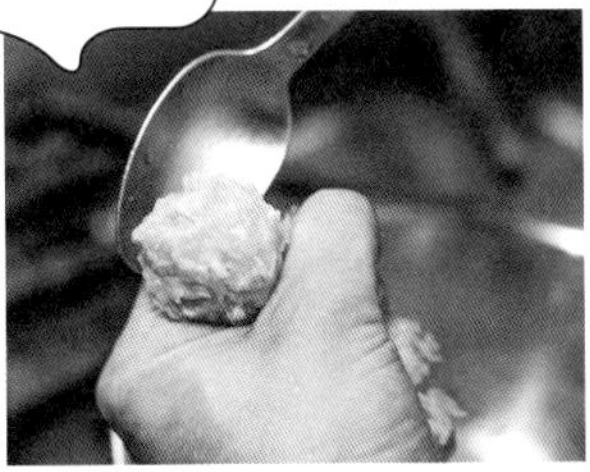

肉だねを多めに手にとり、親指と人さし指で作った輪から丸くしぼり出す。これを〝丸《がん》とり〟という。

1 きのこは石づきを落とし、しいたけは四つ割りにし、しめじ、えのきはほぐす。

2 玉ねぎはすりおろし、布で包んでしっかり水けをしぼる。

3 ボウルにひき肉、**2**、**A** を入れて粘りが出るまでしっかりねる。

4 なべに **B** を入れて中火にかけ、煮立ったら弱火にして **3** を丸とり（p.132）し、スプーンですくってなべに落としていく。火が通るまで4〜5分煮る。アクを除いてこぶをとり出し、**1** を加えて2〜3分煮て、**C** を加える。椀に盛って細ねぎをのせる。

肉だねに玉ねぎのすりおろしをまぜることで、つくねの食感はふんわりとして、甘みが増します。きのこは3種類使いますが、それぞれうまみ成分が違うので、組み合わせて使うと相乗効果で格別の味に。ぬめりのあるえのきだけのおかげで、汁が少しとろっとして寒い季節におすすめの汁物です。

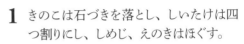

肉吸いは、大阪にある人気店の名物料理。
関西は青ねぎの文化だから、
九条ねぎを汁の具と
天盛りの両方にたっぷり使った。

肉吸い汁

材料（2人分）

牛切り落とし肉…200g
九条ねぎ…2本
木綿どうふ…½丁

A
だし…600mℓ
みりん、薄口しょうゆ…各大さじ2
砂糖…小さじ1

1 九条ねぎは下部寄り1/3は小口切り（p.132）にし、残りは斜め薄切りにする。とうふは1.5㎝角に切って水けをふく。

2 牛肉はまな板にのせて包丁の背（みね）でたたき、食べやすく切る。なべに湯を沸かして牛肉をさっとゆでて、霜降り（p.133）にする。アクを除き、ざるに上げて湯をきる。

3 なべに**A**を入れて中火にかけ、**2**を入れてほぐす。ひと煮立ちしたらアクを除き、弱火にしてとうふ、斜め薄切りの九条ねぎを加え、2〜3分煮る。器に盛り、小口切りの九条ねぎをのせる。

牛肉はさっとゆでて余分な脂を落とす〝霜降り〟をして、すっきり上品な味に。

魚介のうまみを
トマトジュースのすっきりさがまとめてくれる。
みりんとしょうゆの和風の隠し味でコクを出す。

和風ブイヤベース

材料（2人分）

- あさり…200g
- えび…4尾
- 鯛…1切れ
- ボイルほたて…4個
- 玉ねぎ…$\frac{1}{2}$個
- にんにく…1かけ
- 塩、酒…各適量
- **A**
  - 水…400mℓ
  - トマトジュース…200mℓ
  - みりん、薄口しょうゆ…各大さじ2
- サラダ油…大さじ1
- パセリのみじん切り…少々

1 あさりは砂出し（p.133）をし、殻と殻をこすり合わせて洗う。えびは殻をむいて背わたを除き（p.134）、塩、酒各少々をもみ込んでさっと洗い、水けをふく。鯛は小骨をとって一口大に切る。

2 玉ねぎ、にんにくは薄切りにする。

3 フライパンにサラダ油を中火で熱し、**2**をいためる。しんなりとして香りが立ったらあさりを加え、さっといためる。酒50mℓを加え、ひと煮立ちしたら**A**を加える。煮立ったら弱火にして、えび、鯛、ボイルほたてを加えて5〜6分煮て、塩で味をととのえる。器に盛り、パセリを振る。

鯛かぶら汁

材料（2人分）

鯛のかぶと…1尾分
塩…適量
かぶ…2個
三つ葉…3本

A
こぶ（だし用）…3g
水…600mℓ
酒…50mℓ

B
薄口しょうゆ…大さじ2
みりん…大さじ1
塩…少々

うろことりがない場合は、
包丁の柄に近いところで
そぐようにしてとってみて。

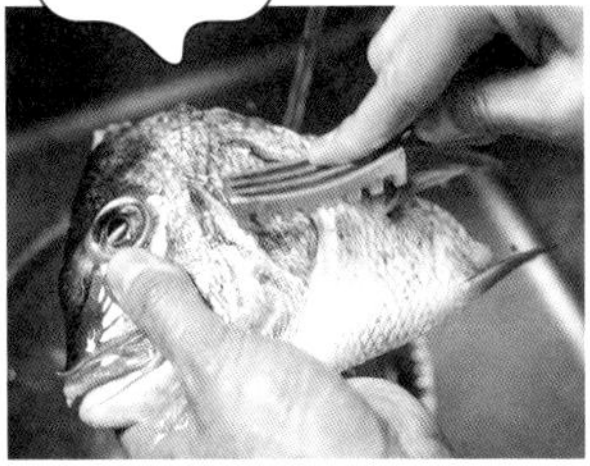

1 鯛かぶとはうろこをとって（p.132）食べやすく切り分け、塩を全体にしっかりまぶして30分ほどおく。

2 なべに湯を沸かして**1**をさっとゆでて冷水にとる。残ったうろこや汚れをしっかり洗い落とし、水けをしっかりふく。

3 かぶはくし形切りにする。三つ葉は1cm長さに切る。

4 なべに**A**、**2**を入れて中火にかけ、煮立ったらアクをしっかり除き、弱火にして10分ほど煮る。煮汁が減ったら水を足す。**B**を加えてかぶを加え、かぶがやわらかくなるまで10分ほど煮る。こぶをとり出し、椀に盛って三つ葉をのせる。

出刃包丁を使って
かぶとを半分に割り、
写真のように切り分ける。
お店でもやってもらえる。

鯛のかぶとは、濃厚なうまみのだしがとれるうえに、上品な味わいなので、家庭でも楽しんでほしいです。合わせる野菜は淡泊な味わいのかぶがおすすめ。煮汁をしっかり吸い込むから、かぶを食べても鯛のうまみを十分に堪能できます。鯛のかぶとには身がたくさん詰まっているので食べごたえもあります。

中身《なかみ》汁

材料（2人分）

豚もつ（ボイルずみ）…200g
干ししいたけ…3枚
こんにゃく…80g
小麦粉…適量
塩…少々

A
だし…500mℓ
酒…50mℓ
みりん、しょうゆ…各大さじ1½

しょうがのすりおろし…10g
春菊の葉…適量

干ししいたけとこんにゃくは大きさを揃えると、食べやすく見栄えよく仕上がる。

1 干ししいたけは水に浸して半日ほどおいてもどし、軸を除いて薄切りにする。もどし汁100mℓはとっておく。こんにゃくは5cm長さの細切りにし、5分ほど下ゆでをして水けをきる。

2 なべに豚もつを入れて水をひたひた（p.135）に加え、中火にかける。沸騰してから10分ほどゆでる。水にとって洗い、水けをきる。

豚もつは独特のくさみがある。小麦粉をまぶしてもむことで、細かい部分のくさみもとれやすい。

3 ボウルに入れて小麦粉をまぶし、よくもみ込んでから洗い流し、もう一度水から10分ほどゆで、湯をきる。あと2回同じ手順を繰り返す。

4 なべに**A**、**1**のもどし汁、**3**、干ししいたけ、こんにゃくを入れて中火にかけ、煮立ったら弱火にし、20分ほど煮る。アクはしっかり除き、煮汁が減ったら水を足す。塩で味をととのえ、椀に盛ってしょうが、春菊をのせる。

中身汁は豚肉をよく食べる沖縄ならではの郷土料理で、スーパーで〝中身汁セット〟が売られているほど。中身とは豚肉のもつ（大腸や小腸、胃など）のことで、つまり豚の中身。それをすまし仕立てにして食べます。もつはくさみがあるから苦手な人もいるかもしれませんが、ていねいに下処理をして、風味の強い干ししいたけと合わせるので、くさみはまったく気になりません。この方法で、すっきりとした味わい深い汁を堪能してください。

主役の
の汁

◎炊き込みごはんに合わせて

とうふのお吸い物

材料（2人分）

木綿どうふ…100g
かまぼこ…2切れ
しいたけ…2個
三つ葉…2本
だし（できれば一番だし〈68ページ〉）…500mℓ
A 薄口しょうゆ、酒…各大さじ1
あら塩…小さじ½

1 とうふは食べやすく切る。しいたけは軸を切り落とし、笠に飾り切りをする。かまぼこは松葉（p.135）にする。三つ葉はさっとゆで、1本ずつ半分に折って結ぶ。

2 なべにだしを入れて中火にかけ、煮立ったら **A** を加えて弱火にする。

3 別のなべに **2** を少量とり、**1** のとうふ、しいたけ、かまぼこを入れてあたためる。椀に盛って三つ葉をのせ、熱々の **2** を注ぐ。

具は美しく見せたいので
少量の汁であたためて
椀に盛り、
最後に静かに汁を張る。

炊き込みごはんや、肉や魚介を使ったのっけめしや焼きめしなど、食べごたえがあって主役感のあるめしのときには、汁はめしを引き立てるものにしたいと思っています。具はくせが強くないものにし、和食ならすっきりとしただしを楽しめるように調味します。洋風やアジア風の汁も具だくさんにはせず、味つけはシンプルにするのがポイントです。

吸い物のだしをとる

吸い物のだしは、こぶと削りがつおのうまみを
満喫できるクリアなもので味わってもらいたい。
もちろん市販のだしでも作れますが、
口に含んだときのうまみと香りが別物です。
ぜひ時間をみつけて一番だしで作ってみてください。
だしをとるときに広がる香りも楽しめます。

◎一番だしをとる

一 こぶを水に浸して、火にかける

なべに水500mℓ、こぶ（だし用）5gを入れて30分おく。中火にかけ、なべの底から細かい泡が出始めたら60℃程度なので、弱火にする。**こぶは60℃程度がいちばんうまみが抽出される**ので、このまま10分ほど煮る。

【一番だしとは】

こぶと削りがつおからとった最初のだしのこと。上品なすっきりとしたうまみが抽出されます。

二 こぶをとり出す

煮立つ前にこぶをとり出し、ひと煮立ちさせて火を止める。こぶを入れたまま長く**煮続けると、こぶのぬめり成分がだしに出て風味が損なわれる**ので注意を。

三 削りがつおを加えて、こす

削りがつお 15 gを加えて沈むのを待つ。ボウルにざるをのせて、だしをこす。

しぼったりせず、自然にだしが落ちるのを待つ。

【二番だしとは】

一番だしをとるときに使ったこぶと削りがつおをもう一度使ってとっただしのこと。みそ汁にはこれがちょうどよい。一番だしに使ったこぶと削りがつおは冷凍にも向く。1カ月以内には使いたい。

汁けをしぼってラップでぴっちり包み、ポリ袋に入れて冷凍。使うときは 500㎖の水に凍ったまま入れて中火で約 20 分煮出し、こして使う。

知っておきたい　めしに合わせて作る汁

あさりの
うまみを生かして
薄味仕立てに。

めしの味を引き立てながらも、それ自体に存在感のある、使い勝手のよい汁を紹介します。

◎のり巻きや、ちらしずし、味ごはんに

あさりのおすまし

材料（2人分）

あさり…200g
うど…50g
A
こぶ（だし用）…3g
水…500mℓ
酒…100mℓ
B
薄口しょうゆ…大さじ1½
あら塩…少々
木の芽…少々

1 あさりは砂出し（p.133）をし、殻と殻をこすり合わせて洗う。

2 うどは皮をむいて5cm長さの短冊切りにし、水に5分ほどさらし、水けをきる。

3 なべに**A**、**1**を入れて中火にかけ、煮立ったらアクを除く。弱火にしてあさりの口がすべて開くまで煮る。こぶをとり出して**2**を加え、さっと煮て**B**を加える。椀に盛り、木の芽をのせる。

ひんやりと
甘ずっぱくて
のどごしがいい。

◎洋風のごはんや暑い日にも

トマトのすり流し

材料（2人分）

トマト… 3個

A
- はちみつ、サラダ油… 各大さじ1
- あら塩… 小さじ1

塩… 適量

あらびき黒こしょう… 少々

1 トマトは皮ごとすりおろす。ボウルに入れ、**A**を加えてまぜ合わせ、冷蔵室に30分ほどおく。

2 ざるでしっかりこし、冷蔵室で1時間ほどしっかり冷やす。塩で味をととのえて器に盛り、こしょうを振る。

30分煮た
とろとろ。
肉料理が充実した韓国の味

◎肉系のボリュームごはんに

わかめスープ

材料（2人分）

わかめ（生、またはもどしたもの）… 60g

にんにくの薄切り… 1かけ分

ねぎの小口切り… ¼本分

いり白ごま… 小さじ2

ごま油… 大さじ1

鶏ガラスープ… 600mℓ

A
- しょうゆ、みりん… 各大さじ1
- 塩、こしょう… 各少々

1 わかめはざく切りにする。

2 フライパンにごま油を中火で熱し、**1**、にんにくをいためる。油がなじんだら鶏ガラスープを加え、弱火にして30分ほど煮る。煮汁が減ったら水を足す。**A**、ねぎ、ごまを加え、さっと煮る。

いつもと違う一杯になる【汁に足す薬味】

汁物の味に変化がほしいとき、だしやみそ、具を変えてみることも有効だが、薬味を足すだけで、風味を変えたり、味や食感に変化をつけたりできる。使い方に決まりはなくあくまで好みですが、私がよく使う薬味を紹介します。

辛み…辛みを足す
香り…香りを足す
食感…食感を足す

【一味とうがらし】

ピリッとした辛さをダイレクトに感じられる。

辛み

【ゆずこしょう】

青いゆず、とうがらし、塩などをまぜたもの。うまみが加わるのも魅力。

辛み　香り

【七味とうがらし】

とうがらし、山椒、けしの実、ごま、陳皮などをまぜたもの。

辛み

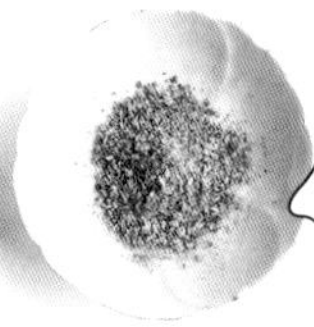

しじみのみそ汁に

【粉山椒】

ピリッとした辛さがあり、汁がすっきりした味わいになる。

辛み　香り

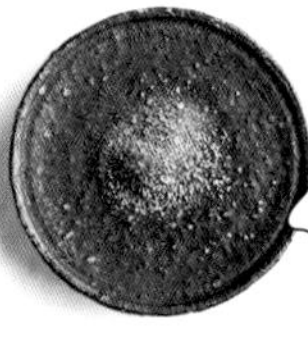

具の汁と相性がいい

【黒こしょう】

使う直前に挽《ひ》くと香りが立って、よりおいしくなる。

辛み　香り

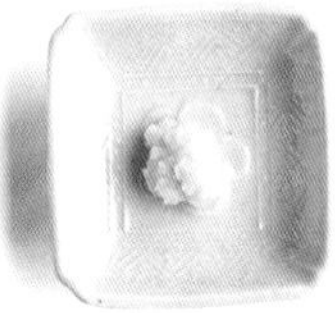

【しょうがのすりおろし】

豚汁などであと口をさっぱりさせたいときにおすすめ。

辛み　香り

【すり白ごま】

香ばしい風味が広がり、コクも加える。

香り

【青じそのせん切り】

天盛りにして見た目に変化を。すがすがしい香りも楽しめる。

香り

鶏肉・豚肉の汁に

【三つ葉】

葉は形を生かし、茎は細かく切って。見た目の変化も楽しめる。

香り　食感

白みそによく合う

【ゆず】

爽やかな香りを添えたいときに。細かく切るほうが香りが強い。

香り

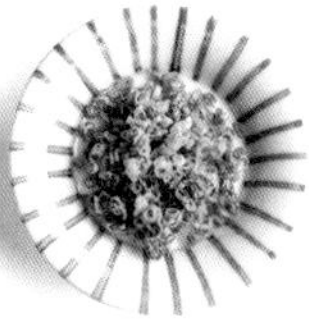

【細ねぎの小口切り】

ねぎよりもやさしい香りなので、少し風味を添えたいときに。

香り

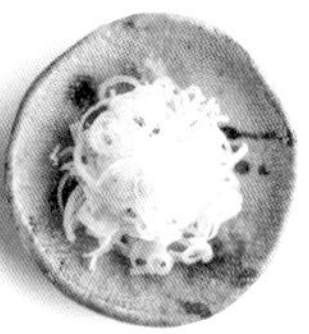

【ねぎの小口切り】

さっと水にさらすとしゃきっとして歯ざわりがよい。

香り　食感

しょうゆ味、塩味の汁に

【すだち】

果汁も加わるので、すっきりとした酸味も加わる。

香り

【ねぎの色紙切り】

正方形に切ることで存在感のある薬味に。香りも強め。

香り　食感

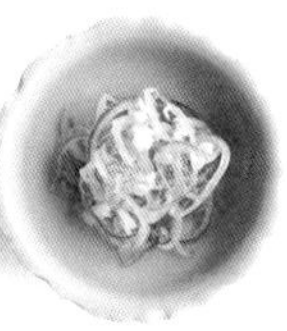

【みょうがの小口切り】

独特のきりりとした香りがいい。彩りになる。

香り　食感

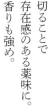

めしを作る

米はすごいと感じることがよくあります。米を炊いただけの白めしは甘みがあってふんわりもっちりとして、それだけでうまい。さらに、白めしに具をのせたのっけめし、米と具を合わせて炊いた炊き込みごはん、白めしと具を一緒にいためた焼きめし、おにぎりや巻きずしなど本当に多彩だ。

そして、めしをおいしく楽しむには、まず米自体がよい状態のものを使いたい。精米したてのものがおいしいから、米は少量ずつ購入して高温多湿を避けて保存を。可能なら冷蔵庫の野菜室が理想です。

おいしく仕上げるポイント、見栄えよく作れるポイントを丁寧に紹介していますので、実践して格段にうまいめしをまいにち楽しんでください。

まいにちの白めし

◎おいしい炊き方

一番のコツは「割れ米」を作らないこと。米をガシガシ勢いよく洗うと割れて糊化《こか》し、ごはん同士がくっつく原因になります。しっかりこすり合わせて洗うのは、最初の1回目のみ。あとはやさしくまぜる程度で十分です。格段においしくなりますよ。

一 洗う

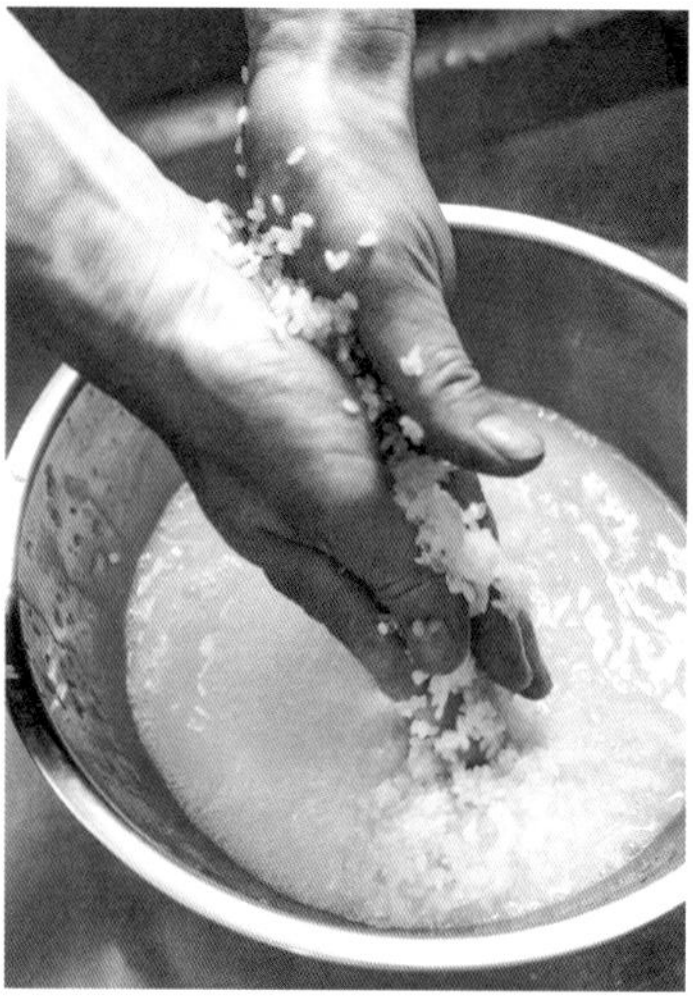

ボウルに米を入れて水をたっぷり入れ、すぐに両手で米をすくって3〜4回こすり合わせながら素早く洗い、すぐに水を捨てる。**吸水は米が水にふれた瞬間から始まるので、1回目のスピード感が大切**。再び水を入れながら軽くまぜ、すぐに水を捨てる。これを2〜3回繰り返して洗い終えたらざるに上げる。

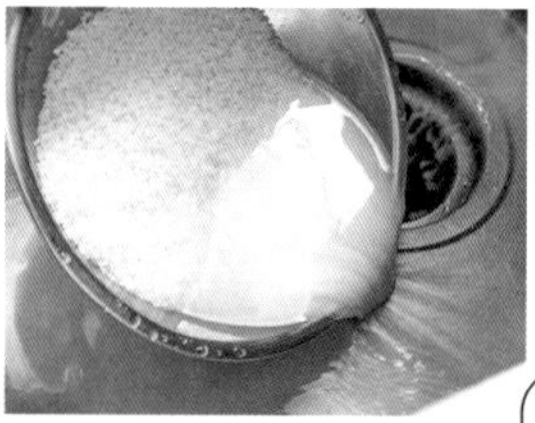

二　浸水させる

水けをきってから水をたっぷり入れ、**最低30分は浸水**させる。この段階でしっかり水を吸うことでふっくらと炊き上がる。また、**冷やしたほうが炊き上がったごはんの甘みが増す**ので、可能であれば冷蔵室に入れる。浸水が終わったらざるに上げて水けをしっかりきる。

水けをしっかりきることで、正確に水かげんをすることができる。

【水かげんのこと】

水かげんは〝浸水させた米と同じ重量で〟と覚えてもらいたい。米180㎖（1合）は150gだが、洗って浸水させることで水を含み、約200gになる。つまり加える水は200㎖というわけだ。

三　水かげんをして炊く

なべに米を入れ、米と同重量の水を加えてふたをし、強火にかける。沸騰したら**中火にして5分、弱火にして15分**炊いて火を止める。ふたを開けずに**5分蒸らし**たら、しゃもじで底から大きくまぜる。

湯気が出てふたがカタカタしたら、沸騰の合図。

◎炊飯器での炊き方

洗って浸水させるまでは同様。炊飯器の内がまに米を入れ、内がまの目盛りまで水を入れて炊く。

気負わず作れる のっけめし

のっけめしはどんなときに作るか？昼ごはん、夜食、酒の〆といったときが断然多い。早くおなかを満たしたいから手軽に作れるものが望ましく、納豆、しらす干し、からし明太子、白菜キムチ、卵など冷蔵庫の常備品でもあり、加熱不要でそのまま使える具がまことに重宝します。ボリュームをもたせたいときには、刺し身を使ったり、肉を薄切りにして短い加熱で作れるものに。ごはんの量はおなかのすき具合に合わせてご自由に。

サーモン納豆ごはん

材料（2人分）

サーモン（刺し身用）…100g
ねぎ…1/4本
青じそ…3枚

A
しょうゆ…大さじ1
みりん、ごま油…各小さじ1
ねりわさび…少々

納豆…1パック
卵黄…2個分
あたたかいごはん…茶わん2杯分

刺し身に均一に味をなじませたいので、調味料はあらかじめまぜてから加える。

1 ねぎ、青じそはみじん切りにする。**A**はまぜ合わせる。

2 サーモンは1cm角に切ってボウルに入れ、**1**を加えてさっとまぜる。

3 納豆は添付のたれとねりがらしを加え、まぜ合わせる。

4 茶わんにごはんを盛って**2**、**3**を盛り、中央に卵黄をのせる。

のっけめしでは、納豆がいい仕事をしてくれます。粘りのおかげでサーモンと薬味野菜が一体化して一気に味わえる。卵黄のとろりとしたコクがからんでますますおいしい。まぜてのせるだけで完成。これぞのっけめしの醍醐味です。

鯛は淡泊な味わいだから、
漬けのたれに、
風味のよいすりごまをたっぷりと。
味にメリハリが出る。

鯛ごま漬けごはん

材料(2人分)

- 鯛(刺し身用)…100g
- **A**
  - しょうゆ…大さじ3
  - みりん…大さじ1½
  - すり白ごま…大さじ2
- 青じそ…5枚
- 刻みのり…適量
- あたたかいごはん…茶わん2杯分
- ねりわさび…少々

1 ボウルに**A**をまぜ合わせる。鯛は一口大のそぎ切りにし、ボウルに加えて10分ほど漬ける。

2 青じそはせん切りにする。

3 茶わんにごはんを盛ってのりを散らし、**1**を盛って**2**、わさびをのせる。好みですだちをしぼっても。

そぎ切りは左側から切る。包丁をねかせ、奥から手前に引いて薄く切りとる。

豚こまごはん

豚肉は包丁の背でたたいてやわらかくすることで、ふんわりとした食感になり、味も入る。

1 豚こまぎれ肉はまな板に広げ、包丁の背（みね）で20回たたき、大きいものは食べやすい大きさに切る。

2 なべに**A**、**1**を入れて中火にかけ、菜箸でほぐしながら肉に火が通るまで煮る。

3 茶わんにごはんを盛って**2**をのせ、細ねぎを散らして一味とうがらしを振る。

材料（2人分）

豚こまぎれ肉…200g

A
- 酒、みりん、しょうゆ、砂糖…各大さじ2
- しょうがのすりおろし…小さじ1

あたたかいごはん…茶わん2杯分

細ねぎの小口切り…5本分

一味とうがらし…少々

にらレバごはん

材料（2人分）

豚レバー…150g

A
- しょうゆ、みりん…各大さじ1
- にんにくのすりおろし…小さじ½

小麦粉…適量

にら…5本

もやし…100g

サラダ油…大さじ1

B
- 酒、オイスターソース…各大さじ1
- しょうゆ、砂糖…各小さじ1

あたたかいごはん…茶わん2杯分

レバーの血がくさみのもと。氷水につけて血をしっかり抜く下処理だけで食べやすくなる。

1 豚レバーは一口大に切り、氷水に20分ほどつけて血抜きする。水けをふいてボウルに入れ、**A**を加えてもみ込み、5分ほどおく。

2 にらは5cm長さに切る。もやしはひげ根をとる。**1**の汁けをきり、小麦粉をまぶす。**B**はまぜ合わせる。

3 フライパンにサラダ油を中火で熱し、**2**のレバーを両面にカリッと焼き色がつくまで焼く。にら、もやしを加えていため合わせ、野菜がしんなりとしたら**B**を加えていため合わせる。

4 茶わんにごはんを盛って**3**をのせる。

にらレバいためは子どものころからよく食べていて、それののっけめしは大好物です。レバーににんにく風味で甘辛味のパンチのある下味をつけるから、ごはんがすごく進む味わいに仕上がります。鶏のレバーでも同様に作れます。

ほんのり塩味のしらすに
辛みのアクセントを。
舌ざわりのよいおろしが
いい仕事をしてくれる。

しらす明太おろしごはん

材料（2人分）
しらす干し…40g
からし明太子…½腹
大根…150g
貝割れ菜…¼パック
あたたかいごはん…茶わん2杯分
しょうゆ…少々

1 大根はすりおろし、水けをきる。

2 明太子はほぐす。貝割れ菜は根元を除く。

3 茶わんにごはんを盛り、**1**、**2**、しらす干しを彩りよく盛り、大根おろしにしょうゆをたらす。

長いもは包丁でたたくと歯ざわりがよく、
箸ですくいやすくて食べやすい。
のりをたっぷりのせて香りよく仕上げる。

のりキムチとろろごはん

材料（2人分）
白菜キムチ…100g
長いも…150g
塩…少々
しょうゆ…小さじ1
あたたかいごはん
…茶わん2杯分
刻みのり…適量

1 長いもは包丁であらくたたいてとろろ状にし、塩を振る。

2 キムチはざく切りにしてボウルに入れ、しょうゆを加えてまぜる。

3 茶わんにごはんを盛り、**1** をかけて **2** をのせ、刻みのりをたっぷりかける。

卵だけでも、とろとろに仕上げれば
ずいぶんぜいたくな気分になれるもの。
あつあつをほおばるのもうれしい。

半熟卵ごはん

材料（2人分）

卵…3個

A 酒、砂糖…各大さじ1
塩…少々

サラダ油…大さじ1

あたたかいごはん…茶わん2杯分

しょうゆ…適量

細ねぎの小口切り…3本分

1 ボウルに卵を割りほぐし、**A**を加えてまぜ合わせる。

2 茶わんにごはんを盛る。

3 フライパンにサラダ油を中火で熱し、**1**を一気に流し入れて、木べらで大きくまぜながら半熟に火を入れる。すぐに**2**にのせ、しょうゆを回しかけ、細ねぎを散らす。

ごはんにのせる直前の様子。
まだ汁けが残っているくらいで
火を止め、すぐにごはんにのせると
ふんわりと仕上がる。

酢とはちみつで調味した
穏やかな酸味は、淡泊な胸肉によく合う。
肉がごはんになじむように、
そぎ切りはできるだけ薄めに。

鶏しゃぶねぎだれごはん

材料（2人分）

鶏胸肉…200g
塩…少々
ねぎのみじん切り…1/4本分
細ねぎの小口切り…3本分
A
　酢…大さじ3
　しょうゆ、はちみつ…各大さじ2
　一味とうがらし…少々
あたたかいごはん…茶わん2杯分
いり白ごま…少々

1 ボウルにねぎ、細ねぎ、**A**を入れてまぜ合わせる。

2 鶏肉は皮をはいで薄いそぎ切り（p.134）にする。なべに湯を沸かし、鶏肉を入れてさっとゆで、ざるに上げて湯をきり、塩を振る。皮はさっとゆでて食べやすく切る。

3 茶わんにごはんを盛り、**2**をのせて**1**を回しかけてごまを振る。

斜めに薄いそぎ切りにすると、肉がやわらかい食感になり、表面積が増えるから味もからみやすい。

アボカドとトマトの組み合わせは
栄養的にすぐれていて、女性にも人気。
トマトと相性のよい削りがつおを使って
和風仕立てに。

アボカドトマトおかかめし

材料(2人分)

アボカド…1/2個
トマト…1個
みょうが…1個
A
　しょうゆ…大さじ1
　みりん、ごま油…各小さじ1
　ねりわさび…少々
あたたかいごはん…茶わん2杯分
削りがつお…適量

1 アボカドは皮と種をとり、1cm角に切る。トマトはへたをとって皮を湯むき（p.135）し、縦半分に切って種を除き、1cm角に切る。ともにボウルに入れ、**A**を加えてさっとあえる。

2 みょうがは小口切り（p.132）にする。

3 茶わんにごはんを盛り、**1**をのせて削りがつおを振り、**2**をのせる。

うまみを味わう 炊き込みごはん

新米のシーズンを過ぎた米のほうが味の吸収がよいので、炊き込みごはんを炊くなら冬から夏がおすすめ。もてなしやお祝いの席だけでなく、身近な具を使ってふだんの食事でも炊いてみては。

かしわめし

材料（2〜3人分）
米…360㎖（2合）
鶏もも肉…150g
塩…少々
ごぼう…50g
にんじん…50g
しめじ…½パック

A
こぶ（だし用）…3g
水…340㎖
みりん…大さじ2
しょうゆ、薄口しょうゆ
…各大さじ1

いり白ごま…少々

◎炊飯器でも同じように作れます

炊き込みごはん（90〜100ページ）は土なべだけでなく、炊飯器の「炊飯モード」で同様に炊けます。炊き上がり後に追加で食材を加えるものは、炊飯器でも同様にふたをして、指定の時間蒸らしてください。

九州地方などでは鶏肉のことを「かしわ」といい、鶏肉と根菜などの炊き込みごはんをかしわめしといいます。うまみとボリュームを出すため、しめじも具に使いました。きのこはしいたけ、まいたけなどもよいと思います。うまみの強いごぼうのおかげで、味わい深いごはんに仕上がります。

野菜は
だいたい形を
揃えると、
火の通りが均一で
見た目も美しい。

1 準備をする

ボウルに**A**をまぜて 30 分ほどおく。
米は洗い、30 分ほど浸水させる。

2 具を切る

ごぼうはささがき（p.133）にし、
さっと洗って水けをきる。
にんじんは3cm長さの細切りにし、
しめじは根元を落としてほぐす。
鶏肉は2cm角に切って塩を振る。

3 調味液、具を入れて炊く

米はざるに上げて水けをしっかりきる。
なべに米、**A** を入れて
軽くまぜ、こぶを上にのせる。
鶏肉、ごぼう、にんじん、しめじを
広げ入れてふたをし、強火にかける。
沸騰したら中火にして5分、
弱火にして 15 分炊く。
火を止めてふたをしたまま5分蒸らす。
こぶをとり出してまぜ、
茶わんに盛ってごまを散らす。

米に調味液を入れ
平らにしてから
こぶをのせる。

火の通りにくい鶏肉をのせ、
野菜を加える。加熱ムラが
できないように平らに広げる。

ひじき油揚げごはん

材料（2～3人分）

- **米**…360mℓ（2合）
- ひじき（乾燥）…5g
- **油揚げ**…2枚
- さやいんげん…4本

A

- こぶ（だし用）…3g
- **水**…340mℓ
- みりん…大さじ2
- しょうゆ、**薄口しょうゆ**…各大さじ1

1 ボウルに**A**をまぜて30分ほどおく。米は洗い、30分ほど浸水させる。

2 ひじきはさっと洗ってたっぷりの水につけ、15分ほどおいてもどし、ざるに上げて水けをきる。油揚げはキッチンペーパーではさんで軽く油をふき、1cm四方に切る。いんげんはへたをとり、小口切り（p.132）にする。

3 米はざるに上げて水けをしっかりきる。なべに米、**A**を入れて軽くまぜ、ひじき、油揚げを広げ入れてふたをし、強火にかける。沸騰したら中火にして5分、弱火にして15分炊く。火を止めていんげんを散らし入れ、ふたをして5分蒸らす。こぶをとり出してまぜる。

さやいんげんは食感と彩りをよく仕上げたいので、炊き上がってから加え、ふたをして余熱で火を通す。

ひじきと油揚げは地味な組み合わせだけれど、一緒に使うことで味わい深くなります。具が主張しすぎないから、汁物が主役になるときにも合わせやすいです。ごはんが炊けたらさやいんげんを加え、蒸らしながら熱を通すと鮮やかな緑色に。彩りよくするコツです。

焼き大根ごはん

材料（2〜3人分）

米…360mℓ（2合）
大根…200g
油揚げ…1枚
しょうゆ…小さじ2

A
こぶ（だし用）…3g
水…340mℓ
酒…大さじ2
しょうゆ、薄口しょうゆ…各大さじ1

大根の葉…適量
塩…少々

1 ボウルに**A**をまぜて30分ほどおく。米は洗い、30分ほど浸水させる。

2 大根は1cm角に切る。フライパンに入れ、からいりして焼き色をつけ、しょうゆをかけてからめる。油揚げはキッチンペーパーではさんで軽く油をふき、みじん切りにする。大根の葉は小口切りにし、塩もみして水けをしぼる。

3 米はざるに上げて水けをしっかりきる。なべに米、**A**を入れて軽くまぜ、焼いた大根、油揚げを広げ入れてふたをし、強火にかける。沸騰したら中火にして5分、弱火にして15分炊く。火を止めてふたをしたまま5分蒸らす。

4 こぶをとり出してまぜ、茶わんに盛って大根の葉を散らす。

大根のところどころに
焼き色がつくころが
しょうゆを加えるタイミングです。

炊き込みごはんにあまり使わない大根も、角切りにして食感をよくし、からいりして香ばしくすることで、存在感のある具材になります。油揚げのうまみとよく調和して、素朴ながらあとを引く味わいです。冷蔵庫にあるものだけでできるから、気楽に作ってみてください。

里いものねっとり食感、鮭のうまみのある塩け、しいたけの香りが一体となって一口で味わえるのは炊き込みごはんならでは。鮭は海の幸、里いもとしいたけは山の幸で、秋が旬の食材を組み合わせた〝であいもの〟の炊き込みごはんです。秋のおいしさを満喫してください。

塩鮭、里いもごはん

材料（2〜3人分）
米…360㎖（2合）
塩鮭（甘口）…1切れ
里いも…4個
しいたけ…4個
三つ葉…3本

A
こぶ（だし用）…3g
水…340㎖
酒…大さじ2
しょうゆ、薄口しょうゆ…各大さじ1

1 ボウルに**A**をまぜて30分ほどおく。米は洗い、30分ほど浸水させる。

2 里いもは一口大に切り、さっと洗う。しいたけは石づきを除き、四つ割りにする。

3 塩鮭は焼いてほぐし、小骨を除く。三つ葉は1cm長さに切る。

4 米はざるに上げて水けをしっかりきる。なべに米、**A**を入れて軽くまぜ、里いも、しいたけを広げ入れてふたをし、強火にかける。沸騰したら中火にして5分、弱火にして15分炊く。火を止めてふたをしたまま5分蒸らす。こぶをとり出し、**3**を加えてまぜる。

魚焼きグリルなどで焼いた鮭はほぐしながら骨を除いていく。皮は好みで刻んで使っても。

ほたて貝柱は手軽な缶詰を使い、
缶汁のうまみもごはんにしっかり移す。
酒のつまみにもなるからすごい。

貝柱、焼きねぎごはん

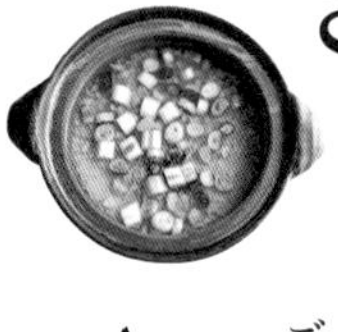

材料（2〜3人分）

米…360mℓ（2合）
ほたて貝柱缶…1缶（65g）
ねぎ…1本
ごま油…小さじ1

A

こぶ（だし用）…5g
水…340mℓ
酒、薄口しょうゆ…各大さじ2

三つ葉の茎の小口切り…5本分

1 ボウルに**A**をまぜて30分ほどおく。米は洗い、30分ほど浸水させる。

2 ねぎは1cm厚さの小口切り（p.132）にする。フライパンにごま油を中火で熱し、ねぎを全体に焼き目がつくまで返しながら焼く。

3 米はざるに上げて水けをしっかりきる。なべに米、**A**を入れて軽くまぜ、**2**を広げ入れ、ほたてを缶汁ごと広げて加え、ふたをして強火にかける。沸騰したら中火にして5分、弱火にして15分炊く。火を止めてふたをしたまま5分蒸らす。

4 こぶをとり出してまぜ、茶わんに盛って三つ葉の茎を散らす。

キャベツの甘みと桜えびの濃厚なうまみがとてもよく合う。炊きたてに振った青のりの香りで食欲も刺激される。

桜えびとキャベツのごはん

材料（2〜3人分）

米…360mℓ（2合）
桜えび（乾燥）…20g
キャベツ…1/6個

A

こぶ（だし用）…3g
水…340mℓ
酒、薄口しょうゆ…各大さじ2

青のり…適量

1 ボウルに**A**をまぜて30分ほどおく。米は洗い、30分ほど浸水させる。

2 キャベツは2cm四方に切る。

3 米はざるに上げて水けをしっかりきる。なべに米、**A**を入れて軽くまぜ、**2**を広げ入れ、桜えびを散らしてふたをして強火にかける。沸騰したら中火にして5分、弱火にして15分炊く。火を止めてふたをしたまま5分蒸らす。

4 こぶをとり出してまぜ、茶わんに盛って青のりを散らす。

ごはんと炊き上げた
とうもろこしのおいしさは格別。
芯を一緒に入れて炊くことで甘みがぐんと増す。
夏にしか食べられないぜいたくな味わいだ。

とうもろこしごはん

材料（2〜3人分）

米…360mℓ（2合）
とうもろこし…1本
こぶ（だし用）…3g
A
水…370mℓ
酒…大さじ2
塩…小さじ1
バター…10g

1 ボウルに**A**をまぜて30分ほどおく。米は洗い、30分ほど浸水させる。

2 とうもろこしは包丁で粒をそぎ落とし、ほぐす。芯はぶつ切りにする。

3 米はざるに上げて水けをしっかりきる。なべに米、**A**を入れて軽くまぜ、とうもろこしの粒を広げ入れて芯をのせ、ふたをして強火にかける。沸騰したら中火にして5分、弱火にして15分炊く。火を止めてふたをしたまま5分蒸らす。

4 こぶと芯をとり出し、バターを加えてまぜる。

芯からそぐようにして粒を切り落とす。
とうもろこしをまな板にのせて切ってもよい。

いためれば ごちそう 焼きめし

いためながら少しの油分をごはんにまとわせるだけで、なんでこんなにうまくなるんだろう。卵とねぎとあたたかいごはんがあれば、具はなんでもいい。卵を半熟状にしてごはんをのせてほぐし、好きな具を加えて味つけをし、仕上げにねぎを加える。これでどんな焼きめしもできてしまいます。一番のポイントは、卵とごはんをまんべんなくまぜながら焼きつけること。間違いなくおいしくできます。

ねぎ卵焼きめし

材料（2人分）
あたたかいごはん…500g
卵…2個
かまぼこ（またはなると）…40g
ねぎのみじん切り…½本分
サラダ油…大さじ2
塩、こしょう…各少々
しょうゆ…大さじ½

ピンクのうず巻きのなるとを使った焼きめしは、中華料理店で見かける昔ながらのスタイル。ふいに無性に食べたくなる定番の味だ。ごはんのほぐれ具合も専門店はさすがだが、中華なべをあおっているのは、火の当たりかげんを調節しているため。家庭であおってしまうと、火から遠ざかってしまうので、しっかり火が通りません。フライパンをコンロにのせたまま焼きつけるのが正解です。

1 半熟の卵にごはんをのせる

かまぼこはみじん切りにする。
卵はときほぐす。
フライパンにサラダ油を中火で熱し、
とき卵を流し入れて広げ、
半熟のうちにごはんをのせる。

卵にとろりとした部分を残せば、
ごはんによくからみ、
ふんわりとした食感になる。

とにかく手早く、
へらで細かく
切るようにすると
よくほぐれる。
フライパンを
あおる必要はない。

2 焼きつけて全体をまぜる

卵をからめながら、
ごはんをよくほぐして
しっかりと焼きつける。
かまぼこを加えていため合わせ、
塩、こしょう、しょうゆを加えて
さっとまぜる。

3 仕上げにねぎを加える

ねぎを加え、
全体にいきわたるように
へらで返しながらいため合わせる。

ねぎは早くから
加えると
焦げるので、
香りを生かすために
最後に加えて
さっといためる。

じゃこのカリッと感が心地よい。高菜漬けの塩辛さに合わせて、塩の分量はかげんして。

じゃこ高菜焼きめし

材料（2人分）

あたたかいごはん…500g
卵…2個
ちりめんじゃこ…40g
高菜漬け…50g
ねぎのみじん切り…1/4本分
サラダ油…大さじ2
塩、こしょう…各少々
いり白ごま…適量

1 高菜漬けはみじん切りにする。卵はときほぐす。

2 フライパンにサラダ油を中火で熱し、とき卵を流し入れて広げる。半熟のうちにごはんをのせ、へらで卵をからめながら細かく切るようにしてほぐして焼く。

3 ちりめんじゃこ、高菜漬けを加えていため合わせ、塩、こしょうを加えてさっとまぜる。ねぎを加えてさっといため合わせ、器に盛ってごまを振る。

納豆は存在感のある大粒を。
香りの強いクレソンをあえて合わせて
お店で出会うような新感覚の味をどうぞ。

納豆とクレソンの焼きめし

材料（2人分）

あたたかいごはん…500g
卵…2個
納豆…2パック
クレソン…1束
ねぎのみじん切り…1/4本分
サラダ油…大さじ2
塩、こしょう…少々
刻みのり…適量

1 クレソンは飾りにする分をとり分け、あらみじんに切る。納豆は添付のたれをまぜ合わせる。卵はときほぐす。

2 フライパンにサラダ油を中火で熱し、納豆を1分いため、とき卵を流し入れて広げる。半熟のうちにごはんをのせ、へらで卵をからめながら細かく切るようにしてほぐして焼く。

3 塩、こしょうを加えてさっとまぜ、あらみじんのクレソン、ねぎを加えてさっといため合わせる。器に盛り、のりとクレソンをのせる。

納豆をいためると、香ばしさが加わってうまみが増す。

かむほどに口に広がるたこのうまみに
しば漬けの酸味で味わいに変化をつけて。
食感も楽しめる、赤い焼きめし。

たこしば漬け焼きめし

材料（2人分）
あたたかいごはん…500g
卵…2個
ゆでだこの足…1本
しば漬け…50g
ねぎのみじん切り…¼本分
サラダ油…大さじ2
塩、こしょう…各少々
青じそのせん切り…5枚分

1 たこは薄切りにして一口大に切り、しば漬けはみじん切りにする。卵はときほぐす。

2 フライパンにサラダ油を中火で熱し、とき卵を流し入れて広げる。半熟のうちにごはんをのせ、へらで卵をからめながら細かく切るようにしてほぐして焼く。

3 たこ、しば漬けを加えていため合わせ、塩、こしょうを加えてさっとまぜる。ねぎを加えてさっといため合わせ、器に盛って青じそを散らす。

ベーコンに合わせて、
バターを使って焼きつけた。
まろやかなピラフ風の味わいになる。

ベーコンれんこん焼きめし

材料（2人分）
あたたかいごはん…500g
卵…2個
ベーコン…4枚
れんこん…150g
細ねぎの小口切り…3本分
サラダ油…大さじ1
バター…10g
塩、こしょう…各少々

1 ベーコンは1㎝四方に切る。れんこんはあらみじんに切る。卵はときほぐす。

2 フライパンにサラダ油、バターを中火で熱し、れんこんをいためる。しんなりとしたらとき卵を流し入れて広げる。半熟のうちにごはんをのせ、へらで卵をからめながら細かく切るようにしてほぐして焼く。

3 ベーコンを加えていため合わせ、塩、こしょうを加えてさっとまぜる。細ねぎを加えてさっといためる。

先に甘辛いそぼろを作って
そこに卵、ごはんを入れて焼きつける。
味がからんで、香ばしさ抜群だ。

豚そぼろと春菊の焼きめし

材料（2人分）

- あたたかいごはん…500g
- 卵…2個
- 豚ひき肉…150g
- **A** しょうゆ、みりん…各小さじ1
- 春菊…1/4束
- ねぎのみじん切り…1/4本分
- サラダ油…大さじ2
- 塩、こしょう…各少々

1 春菊はあらみじんに切る。卵はときほぐす。

2 フライパンにサラダ油を中火で熱し、ひき肉をいためる。ほぐれて色が変わったら**A**を加えてさっとまぜる。とき卵を流し入れて広げ、半熟のうちにごはんをのせ、へらで卵をからめながら細かく切るようにしてほぐして焼く。

3 春菊を加えていため合わせ、塩、こしょうを加えてさっとまぜる。ねぎを加えてさっといため合わせる。

うまみの違うきのこを
組み合わせて複雑な味わいに。
鮭は形を残したいから、
さっとまぜるだけでいい。

鮭ときのこの焼きめし

材料（2人分）

- あたたかいごはん…500g
- 卵…2個
- 塩鮭（甘口）…1切れ
- しいたけ…2個
- まいたけ…½パック
- 三つ葉…3本
- ねぎのみじん切り…¼本分
- サラダ油…大さじ2
- 塩、こしょう…各少々

1 鮭は焼いてほぐし、骨や皮を除く。しいたけ、まいたけはあらみじんに切り、三つ葉は1cm長さに切る。卵はときほぐす。

2 フライパンにサラダ油を中火で熱し、しいたけ、まいたけをいためる。しんなりとしたらとき卵を流し入れて広げ、半熟のうちにごはんをのせ、へらで卵をからめながら細かく切るようにしてほぐして焼く。

3 鮭を加えていため合わせ、塩、こしょうを加えてさっとまぜる。三つ葉、ねぎを加えてさっといため合わせる。

口の中でほろりとほどける おにぎり

あつあつのごはんをにぎるのはちょっと大変ですが、ごはんが冷めていてはうまくにぎれないので、手を洗って少し冷やしてからにぎっても。**ごはんの粒をつぶさないように、軽くぎゅっとしてふんわりとにぎる**ことが重要です。塩むすびがうまくできたら、具入りに挑戦を。

おにぎりをにぎる

あつあつのごはんに塩のうまみがいきわたる塩むすびは、塩がごはんの甘みを引き立てるから、それだけでうまい。パスタをゆでるときに使うのと同じイメージで、塩を使うといい。「おむすび」は字のごとく米と米をむすびつける気持ちでにぎってみてください。

◎基本の塩むすび

一、手に塩水、塩をつける。

1%の塩水（200mℓの水の場合で塩小さじ 1/3）、あら塩各適量、おにぎり1個につきあつあつのごはん 150 gを用意する。両方の手を塩水でぬらし、手のひらにあら塩をつける。**塩水でぬらしておくと、おにぎり全体に塩味がつきやすく、**衛生的でもある。

ほおばって
食べたい
まん丸おにぎり

二、にぎる

●丸くにぎるときは

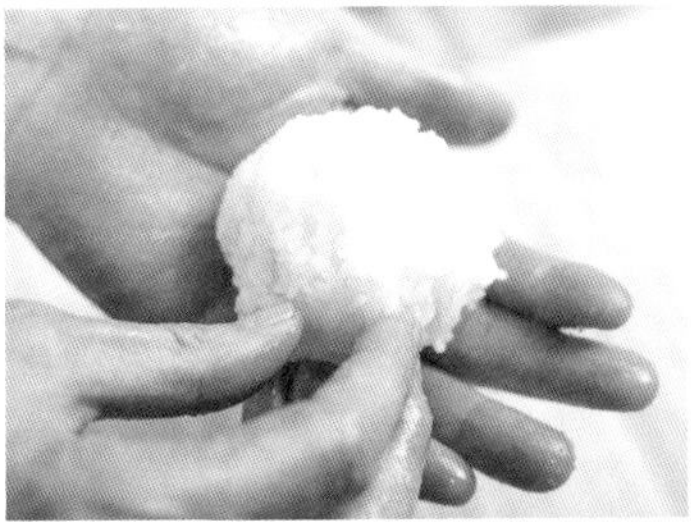

手のひらにごはんをふんわりとのせ、両手で軽く包むようにして丸くする。上からのせる手の指を丸くして軽くぎゅっとにぎり、2〜**3回転がしながらごはんをつぶさないように軽くぎゅっとしながら丸くにぎる。**

▲三角ににぎるときは

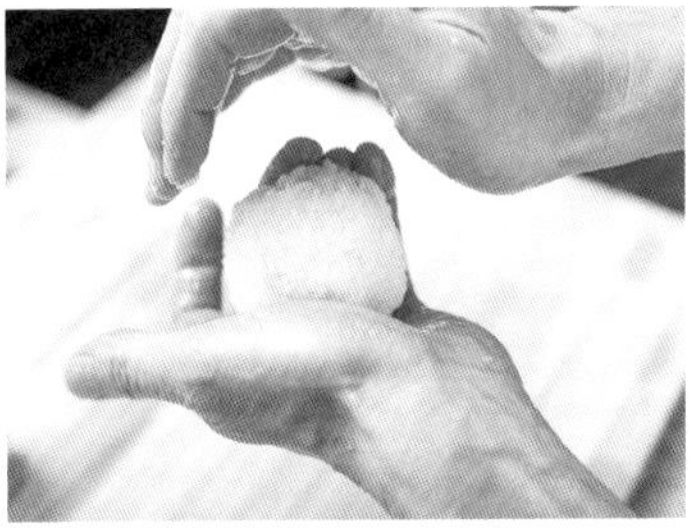

手のひらにごはんをふんわりとのせる。もう一方の手は山形にして軽くにぎる。

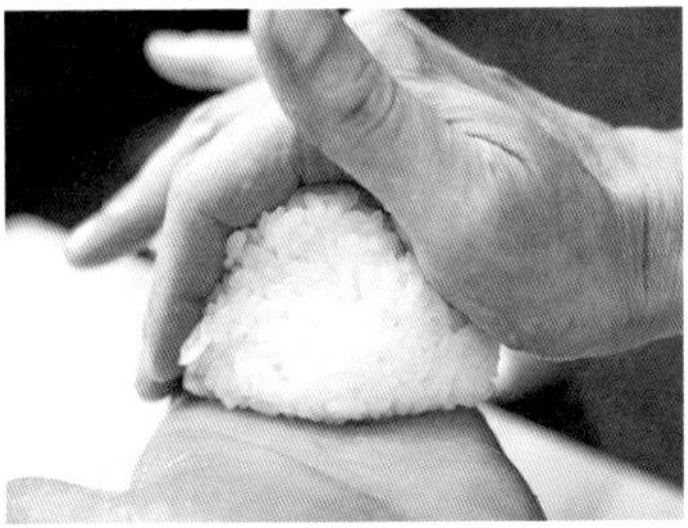

のせている手は**親指のつけ根と残りの4本の指でごはんをはさみ、もう一方の山形の手で三角を作る。**ごはんを手前に約60度回転させて同様ににぎり、もう一度約60度回転させてにぎる。**角は作るが、ごはんをつぶさないように軽くにぎる**のがポイント。

パクッと食べたい三角おにぎり

みそのうまみを
ストレートに味わえる。
たまにはこんな
濃い味も楽しみたい。

みそにぎり

材料（2個分）と作り方

1 みそ大さじ2、1%の塩水（p.112）適量、あつあつのごはん 300 gを用意する。

2 両方の手を塩水でぬらし、手のひらにみそ大さじ1を塗り広げ、ごはん 150 gをふんわりとのせる。113ページと同様にして三角ににぎる。残りも同様ににぎる。

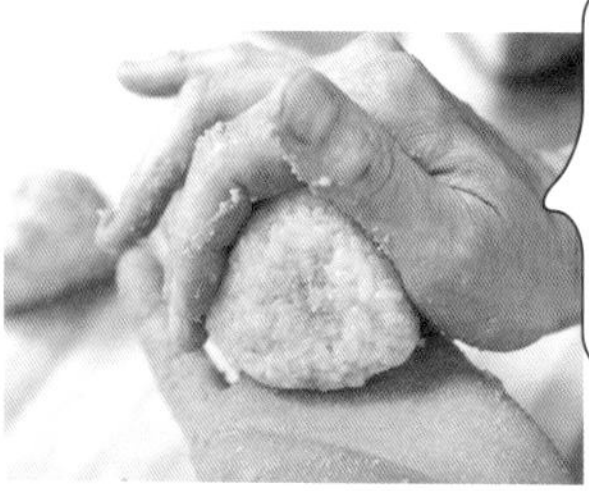

手のひらに
みそを塗ってから
ごはんをにぎると
みそが全体に
まんべんなくつく。

私が大好きな具の組み合わせ。
ぜいたくな三位一体のうまみを堪能して。

梅鮭こぶにぎり

材料(2個分)と作り方

1 梅干し1個は種を除いて適当にちぎる。焼いた塩鮭のほぐし身 30 g、こぶの佃煮 15 g、1%の塩水(p.112)、あら塩各適量、あつあつのごはん 300 gを用意する。

2 両方の手を塩水でぬらし、ごはん 100 gをまな板にのせる。梅干し、塩鮭、こぶの佃煮のそれぞれ 1/2 量をのせ、ごはん 50 gをかぶせる。手のひらにあら塩をつけてから手にとり、113 ページと同様にして三角ににぎる。残りも同様ににぎる。

3 全形の焼きのり1枚を半分に切り、**2** を包む。好みの具(分量外)をのせても。

3つを一度に
味わいたいから、
具は中心に
重ねるようにのせて。

明太子とチーズが
とろりとからんで
口の中にすっと
まろやかな
辛さが広がる。

明太クリームチーズにぎり

材料（2個分）と作り方

1 からし明太子 1/2 腹はほぐし、マヨネーズ小さじ1とまぜる。クリームチーズ 20 gは1cm角に切って加え、まぜる。

2 1%の塩水 (p.112)、あら塩各適量、あつあつのごはん 300 gを用意する。

3 両方の手を塩水でぬらし、ごはん 100 gをまな板にのせる。**1** の 1/2 量をのせ、ごはん 50 gをかぶせる。手のひらにあら塩をつけてから手にとって、113 ページと同様にして三角ににぎる。残りも同様ににぎる。

4 全形の焼きのり 1/2 枚を半分に切り、**3** を巻く。具（分量外）をのせても。

ねっとりとして濃厚な
卵黄を塩むすびに
飲んだあとの〆にも

卵黄しょうゆ漬けにぎり

材料(2個分)と作り方

1 卵黄しょうゆ漬け（下記参照）2個、1%の塩水（p.112）、あら塩各適量、あつあつのごはん 300 gを用意する。

2 両方の手を塩水でぬらして手のひらにあら塩をつける。ごはん150 gを手にとり、113ページと同様に丸くにぎってから円盤状にする。まん中をくぼませて卵黄しょうゆ漬け1個をのせる。残りも同様ににぎる。

3 全形の焼きのり1枚を半分に切り、**2** をのせる。

卵黄しょうゆ漬けの作り方

❶ 卵4個は冷凍室に1日入れて凍らせ、とり出して自然解凍する。
❷ 小さめのボウルにしょうゆ大さじ4、みりん大さじ2を入れる。
❸ ①の殻を割って卵黄だけをとり出して②に入れ、3時間以上漬ける。　※密閉容器に入れて冷蔵室で3～4日保存可。

キーマカレー風にぎり

子どもウケも
いいから
お弁当にするのも
おすすめ。

材料（2個分）と作り方

1 キーマカレーを作る。フライパンに豚ひき肉100g、塩少々を入れて中火でいためる。ほぐれて脂が出てきたら、玉ねぎのみじん切り1/6個分、ピーマンのみじん切り1/2個分を加え、いため合わせる。カレー粉小さじ1を加えていため、香りが立ったらしょうゆ、みりん、トマトケチャップ各小さじ1、こしょう少々を加えてさっといためる。

2 1%の塩水（p.112）適量を用意する。ボウルにあつあつのごはん300gと、**1**をまぜ合わせる。

3 両方の手を塩水でぬらして、**2**のごはんの1/2量を手にとり、113ページと同様に丸くにぎってから円盤状にする。残りも同様ににぎる。パセリのみじん切り少々をのせる。

巻きすいらず
中巻《ちゅうま》き
のり巻き

巻きすを使わずに巻けて、手に持って食べやすいサイズを考えたら、全形ののり1枚を半分に切って作る中巻き（いわゆるコンビニにあるタイプ）がベストという結論に。作りやすいので数種類作って盛り合わせても楽しいです。

ねぎとともにまぐろを包丁でたたく。
酢めしになじみやすく巻き込みやすい。

ねぎとろのり巻き

材料（2本分）

まぐろ（刺し身用）…80g
ねぎ…⅓本
あつあつのごはん…150g
A
- 酢…大さじ1½
- 砂糖…大さじ½
- 塩…小さじ½

焼きのり（全形）…1枚
ねりわさび…少々
しょうゆ…適量

◎酢めしの作り方

材料（中巻きのり巻き2本分）

あつあつのごはん…150g
A
- 酢…大さじ1½
- 砂糖…大さじ½
- 塩…小さじ½

1 **A**をよくまぜてすし酢を作る。ボウルにごはんを入れ、しゃもじに沿わせてすし酢を回し入れる。

2 しゃもじで切るようにして全体をまぜ、ざっと広げてあら熱がとれるまで冷ます。

1 酢めし、具を準備する

あつあつのごはんと**A**で
120ページの要領で酢めしを作る。
ねぎは縦半分に切って芯を除き、
縦細切りにし、
水にさらしてしらがねぎにする。
まぐろはざく切りにし、
しらがねぎをのせて
包丁でたたいてミンチ状にする。

2 のりに酢めしと具をのせる

焼きのりは半分に切って縦長に置く。
奥の3cmほどを残して
酢めしの1/2量を敷き詰め、
少し手前にねぎとろの1/2量を
横長にのせる。

具は手前から
3cmくらいの
ところにのせる。
うまく巻くには
この位置が重要。

中巻きは、全形のりを
半分に切って使います。

3 巻く

手前ののりと酢めしを
まぐろにかぶせるようにして
くるりと巻き込む。残りも同様に巻く。
器に盛ってわさびを添え、
しょうゆをつけて食べる。

うまみたっぷりの
うなぎに
きゅうりの
パリパリ感で
変化をつける。

うなきゅうのり巻き

材料（2本分）と作り方

1 120 ページの要領で酢めしを作る。

2 きゅうり 1/4 本は四つ割りにし、種の部分は切りとる。うなぎのかば焼き 1/2 尾は耐熱皿にのせて酒大さじ1を振る。ラップをかけて電子レンジで1分加熱し、棒状に4つに切って粉山椒少々を振る。

3 全形の焼きのり1枚、酢めし、**2** の具は 121 ページの作り方 **2〜3** と同様にし、巻き込む。残りも同様に巻く。器に盛ってねりわさび少々を添え、しょうゆをつけて食べる。

細切りのたくあんは食感がいい。
ごまの香ばしさも心地よい。

梅たくあんのり巻き

材料（2本分）と作り方

1 120 ページの要領で酢めしを作る。

2 梅干し（塩分8%）2個は種を除いて包丁でたたく。たくあん 50 gは細切りにし、青じそ3枚はせん切りにする。すべてボウルに入れ、いり白ごま小さじ1を加えてまぜる。

3 全形の焼きのり1枚、酢めし、**2** の具は 121 ページの作り方 **2〜3** と同様にし、巻き込む。残りも同様に巻く。器に盛ってねりわさび少々を添え、しょうゆをつけて食べる。

定番のツナマヨに、
セロリの香りで大人っぽく。

ツナセロリのり巻き

材料（2本分）と作り方

1 120ページの要領で酢めしを作る。

2 ツナ缶1缶は缶汁をきってボウルに入れ、セロリのみじん切り50g、マヨネーズ大さじ1、しょうゆ小さじ1/2、砂糖、一味とうがらし各少々を加えてまぜる。

3 全形の焼きのり1枚、酢めし、**2**の具は121ページの作り方**2**〜**3**と同様にし、巻き込む。残りも同様に巻く。器に盛り、ねりわさび少々を添えてしょうゆをつけて食べる。

ねっとり食感が
好みだ。
みその風味が
隠し味。

いかなめろうのり巻き

材料（2本分）と作り方

1 120ページの要領で酢めしを作る。

2 いか（刺し身用）60gはあらみじんに切り、細ねぎの小口切り2本分、みょうがのみじん切り1個分とともに、ボウルに入れる。みそ大さじ1、しょうがのすりおろし小さじ1/2を加えてまぜる。

3 全形の焼きのり1枚、酢めし、**2**の具は121ページの作り方**2**〜**3**と同様にし、巻き込む。残りも同様に巻く。

野菜1つで めしの友【そうざい】

ごまの香りのよい甘辛味

汁とめし以外にもう1品ほしいときは、日もちがするしっかり味の箸休めをおすすめしたい。あつあつごはんにのせるだけで大満足だし、お弁当にも便利。保存するときは密閉容器に入れて冷蔵室で。

にんじんきんぴら

材料（作りやすい分量）

にんじん…1本

A
- 酒…大さじ3
- しょうゆ…大さじ2
- 砂糖…大さじ1

ごま油…大さじ2

いり白ごま…適量

一味とうがらし…少々

＊3～4日保存可

1 にんじんは皮つきのまま5cm長さで2mm角の棒状に切る。

2 フライパンにごま油を中火で熱し、**1**をしんなりとするまでいためる。**A**を加えて煮からめる。ごま、一味とうがらしを加えてさっとまぜる。

甘酢味で
さっぱりとして、
歯ごたえがいい

おかかたたきごぼう

材料（**作りやすい分量**）

ごぼう…1本

A
- 水、酢…各100mℓ
- 砂糖…50g
- しょうゆ…大さじ2
- すり白ごま…大さじ1

削りがつお…適量

＊1週間保存可

1 ごぼうはなべに入る長さに切り、水からやわらかくなるまでゆで、湯をきる。めん棒などでたたいて割れ目を入れ、5cm長さに切る。

2 ボウルに**A**を合わせてまぜ、**1**を漬けて冷蔵室に2時間以上おく。汁けをきって削りがつおをまぶす。

あまーく煮て
苦みをまろやかに

ゴーヤーの佃煮

材料（**作りやすい分量**）

ゴーヤー…1本

削りがつお…10g

A
- しょうゆ、みりん…各50mℓ
- 酢…大さじ2
- 砂糖…75g

いり白ごま…適量

＊1週間保存可

1 ゴーヤーは縦半分に切って種とわたを除き、薄切りにする。熱湯に15分ほど浸し、水けをしっかりしぼる。

2 なべに**1**、削りがつお、**A**を入れて中火にかけ、ときどきまぜながら汁けがなくなるまで煮たらごまを振る。

野菜1つで めしの友

【漬け物】

和がらしのツンとした辛さがあとを引く

白菜のからし漬け

材料（作りやすい分量）

白菜…$\frac{1}{6}$個

A
- 砂糖…大さじ4
- 酢…大さじ2$\frac{1}{2}$
- 粉がらし、あら塩、みりん…各大さじ1

＊1週間保存可

1 白菜は葉はざく切りにし、軸は5㎝長さの拍子木切りにする。

2 ボウルに入れ、**A**を加えてもみ込み、ラップを表面にぴったりつける。冷蔵室に3時間以上おく。

パリパリきゅうりが
こぶ茶のうまみで
味わい深い

きゅうりのわさびこぶ茶漬け

材料（作りやすい分量）

きゅうり…3本

塩…少々

A
こぶ茶、みりん…各大さじ1
ねりわさび…小さじ1

＊1週間保存可

1 きゅうりは塩ずり（p.133）して洗い、両端を切り落とす。5mm厚さの小口切りにする。

2 ポリ袋に入れてAを加え、袋の上からよくもむ。口を閉じて冷蔵室に30分以上おく。

〝漬けて冷ます〟を繰り返して
しっかり味をしみ込ませる

大根の福神漬け

材料（作りやすい分量）

大根…1/3本（400g）

しょうがのせん切り…20g

A
しょうゆ…180mℓ
砂糖…120g
酢…60mℓ

＊1週間保存可

1 大根は六つ割りにして、5mm厚さに切る。なべにAを入れて中火で煮立たせ、大根を加えて火を止め、あら熱がとれるまでおく。

2 大根をとり出し、なべを中火にかけて煮立ったら大根を戻し入れ、火を止めてあら熱をとる。これを3回繰り返す。

汁と、めしと、あと一品

**主菜や副菜のおかず作りは絶対ではない。
具だくさんの汁に白めし、もしくはシンプルな汁に具入りのめし。
この2つが家の食事の基本であり、
一日のうちの一、二食はこの組み合わせだけで十分だと思う。
でも、ちょっともの足りないと思うときや、しっかり食べたい日には、
あまり手間のかからない焼き魚や刺し身を添えてみることで、
気持ちにも体にもやさしい献立ができ上がります。**

◎ある日のあさげの献立

たとえば、旅先の旅館みたいに
朝食には焼き魚を添える。
みそ汁の具をだしで煮ているかたわらで、
魚を焼く。ほぼ同時に完成するから、
忙しい朝でも苦にならない。

◎ある日のゆうげの献立

ゆうげを少しぜいたくな献立にしたいなら、
刺し身が3種類ほどの盛り合わせはどうだろう。
皿に美しく盛りかえるだけで、
和食屋に行ったような気分になれる。
あたたかい汁とふっくらした白めしに好きな魚。
和食のよさを味わえる理想の献立は、
こんな組み合わせだと考えている。

切り身魚の焼き方は
p.130 参照。

刺し身の
盛りつけ方は
p.131 参照。

魚はフライパンでうまく焼く

◎切り身魚の焼き方

魚焼きグリルで焼いてもいいですが、魚の面に合わせて焼きかげんを調整できるフライパンでの焼き方を紹介します。

1 フライパンに油適量を中火で熱し、切り身魚を皮目を下にして入れる。魚のくさみは皮にいちばん多く含まれるので、皮から焼いてくさみをしっかりととばすことが重要。

2 皮がパリッとしたら、ほかの面もまんべんなく香ばしくなるまで焼く。

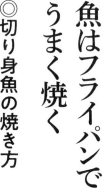

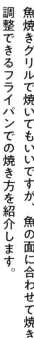

刺し身は盛り方ひとつで一気に洒落《しゃれ》る

◎刺し身の盛りつけ方

和食には盛りつけ方に決まりがあり、それに従うと見栄えよく、おいしそうに仕上がります。

1 購入した盛り合わせについていたつまを活用する。皿の中に高低をつけて変化を出すために、つまは皿の左奥に置く。その上に彩りにもなる青じそをのせる。

2 白身（鯛）は格が上なので奥に盛る。また、奇数がよいとされているので、5切れを盛る。3切れと2切れで少し位置をずらすと粋に見える。

3 左から右へ流れるように盛るのも基本。白身の左手前にまぐろ3切れを盛る。

4 右手前に鮭3切れを盛り、飾りの菊をのせ、手前に薬味、わさびを添える。盛りつけたあとの皿に余白を作ることも大切。

知っているとためになる
和食用語集

和食の手順にはふだん聞き慣れない言葉が多く使われているので、その言葉の意味がわかると調理がスムーズに。また、基本の手順もより詳しく説明しています。

【青菜をゆでる】

p.021

ほうれんそうなどの青菜はかたい根元を先に湯に入れ、10秒ほどしたら全体を沈める。菜箸で上下を返して葉がくたっとしたら箸でとり出し、ボウルの水にとって流水を当てて冷まし、水けをしっかりしぼる。

【いちょう切り】

p.039 ほか

大根やにんじんを必要な長さに切って縦半分に切り、さらに縦半分に切って端から好みの厚さに切る。いちょうの葉の形に似ていることから名前がついている。

【うろこをとる】

p.063

鯛などの大きな魚はうろこも大きくしっかりしているため、うろこ取り器を使うのがよい。うろこの流れに逆らってうろこをはがすようにしてていねいにとり除く。うろこが残っていると口当たりが悪くなる。

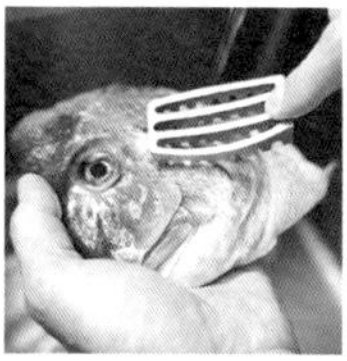

【かぶるくらい】

p.053

なべの大きさに合わせて水分を調節するときに使う言葉。なべに入れた材料がちょうど浸るくらいの水かげんのことをいう。

【丸《がん》とり】

p.059

肉だねを手のひらに多めにとり、親指と人さし指で輪をつくって、その輪から肉だねを押し出すようにして、肉だねを丸くまとめることを「丸とり」という。スプーンですくって沸いた煮汁に順次加えていく。両手で肉だねを丸めてから煮汁に加えるよりもスムーズ。

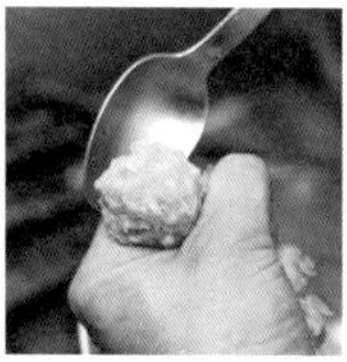

【小口切り】

p.028 ほか

みょうが、オクラ、きゅうり、細ねぎなどの細く長さがある野菜を、端から垂直に切るときの切り方。「小口」とはその断面や切り口のことをいう。切る長さは、使う料理や好みに合わせる。

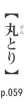

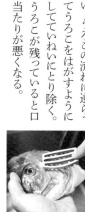

【小骨を抜く】

p.057ほか

鮭、さばなどの切り身は骨を除いて売られているが、小骨が残っていることがある。目で見ても気がつきにくいので、指先でそっと触ってみて確認する。小骨のあるところに骨抜きを当ててはさみ、引き抜く。

【ささがき】

p.025ほか

ごぼうなどを笹の葉のように薄くそぎ切りにすること。ごぼうに縦に切り込みを数カ所入れる。深さは直径の⅓ほどが目安。切り込みを入れたほうを右側にしてまな板にのせ、左手でごぼうを前後に回しながら、包丁の刃を外に向けて先端をえんぴつを削るようにするとささがきになる。

【塩ずり】

p.044ほか

オクラのうぶ毛をとったり、きゅうりの皮の表面のトゲをとるときなどにすることが多い。まな板に野菜を横長に置いて塩少々を振り、手で前後に転がして摩擦でうぶ毛やトゲを落とし、さっと洗う。まな板の上の作業なので、「板ずり」ともいう。

【塩もみ】

きゅうりやにんじんなどの野菜を薄切りにして塩をまぶしてもみ込み、水分を抜きながら塩味もつけること。しんなりとしてほかの食材となじみやすくなる利点もある。

【霜降り】

p.060

食材の表面が白くなる程度にさっとゆでたり、熱湯を表面にかけたりすること。薄切り肉の場合は余分な脂肪を落とすためにする。魚の場合は脂肪のほかに血合いなどの汚れを落としてくさみをとる効果もある。

【砂出し】

p.035ほか

あさり、しじみなどの貝はスーパーで砂出しずみとして販売されていても、家庭でもしっかり砂出ししたほうがおいしく食べられる。バットに平らに広げ、2%の塩水（水２００mℓの場合は塩小さじ⅔）をひたひたに加える。かぶるくらいの塩水を加えてしまうと、貝が呼吸をしにくくなり、傷む原因になる。生息している場所と同じような環境をつくったほうが砂を吐き出しやすいので、冷蔵室などの暗い場所に1時間ほどおく。アルミホイルをかぶせてもよい。

【酢めし】

p.120

炊きたてのごはんに、すし酢(酢、砂糖、塩)をまぜたもの。すし酢をしゃもじに沿わせるようにしてごはんにかけると、全体にいきわたりやすい。しゃもじで切るようにまぜると、酢めしが冷めやすく、つやも出やすい。

120ページの酢めしは中巻きのり巻き2本分の分量。4本分なら2倍、6本分なら3倍にして作ると効率がよい。

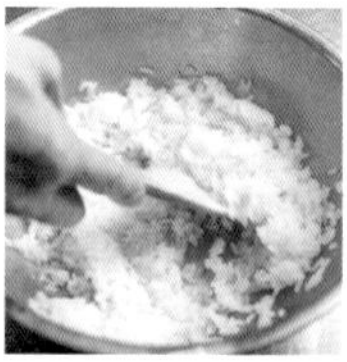

【すり流し】 p.071

野菜や魚介などの食材をまるごとすりつぶし、そのまま調味したり、だしでのばして加熱してから調味したりする汁物。口当たりがなめらかでのどごしがよい。夏には冷やして食べることも多い。

【背わたを除く】 p.061

背わたとはえびの背に黒い筋のように見える腸管のことで、食べると食感も悪く、苦みやくさみもあるためとり除く。

殻をむいてえびの腹を手前にして、背中に切り込みを入れ、包丁の先で背わたをかき出す。

【千六本《せんろっぽん》】 p.027

2㎜角程度の太さに切ることをいう。大根などを適当な長さに切り、縦に2㎜厚さに切ってから、繊維に沿って2㎜幅に切る。ちなみにせん切りはさらに細い1㎜程度の太さのこと。

【そぎ切り】 p.080ほか

厚みのある食材を、包丁をねかせて左端から薄くそぐようにする切り方。1切れの表面積が大きいので、火の通りがよく、味もからみやすくなる。

【であいもの】 p.096ほか

旬を同じくした海の幸と山の幸を組み合わせた料理のことを、和食では〝であいもの〟とよぶ。一緒に使うことで、それぞれの持ち味が生かされてよりおいしくなり、季節感を楽しむことができる。

【ねぎ】 p.018ほか

地域によって主に使われるねぎが違う。関東では土をかぶせて栽培した白い部分の多い「根深ねぎ」を、関西では緑の部分の多い「九条ねぎ」を好む傾向がある。

【半月切り】 p.043ほか

大根やにんじんを必要な長さに切り、縦半分に切る。切り口を下にして横にして置き、端から好みの厚さに切る。半月の形に似ていることから名前がついている。

【ひたひた】 p.035 ほか

なべの大きさに合わせて水分を調節するときに使う言葉。なべに入れた材料が水面から見え隠れしている程度の水かげんのことをいう。バットに材料を入れた場合にも使う。

【ひと煮立ち】 p.028 ほか

だしや煮汁を一度煮立たせること。煮立たせ続けると風味が落ちたり、煮詰まったりすることがあるので、全体が煮立ったら火を弱めたり、ほかの材料を加えたりする。

【包丁でたたく】 p.121 ほか

まな板に具材をのせて包丁でたたくようにしながら細かく切ることをいう。具材を2~3種一緒にたたくことで刻みながらよくまぜることにもなる。

【松葉】 p.067

お祝いの食事によく使われる飾り切りの一種。かまぼこは8㎜厚さに切り、3等分の位置で左右から切り込みを入れ、端は1㎝ほど残す。下部をねじりながら持ち上げて上の切り込みにはさみ、形をととのえる。

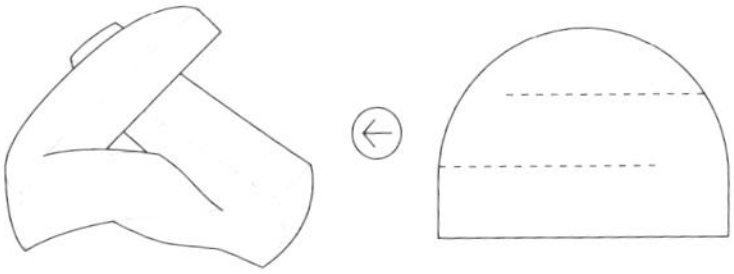

【水にさらす】 p.028 ほか

切り口が空気に触れると変色しやすい野菜は、水に浸すことが多いが、なすなどアクが強くないものはさっと洗う程度にさらせばよい。

【湯むきする】 p.024 ほか

トマトの皮を簡単にむく方法。へたをとって玉じゃくしなどにのせ、なべに沸かした湯に5~10秒つける。皮が少しはじけたらすぐに湯から引き上げ、冷水につける。はじけたところから皮を引くとぺろっとむける。

【もみじおろし】 p.051

もみじのように色づいた大根おろしのこと。本来は、7~8㎝長さの大根に菜箸で穴をあけ、種を抜いた赤とうがらしを詰めてそのまますりおろしたもの。本書では、手軽に作れるように、大根おろしに一味とうがらしをまぜている。

【乱切り】 p.024

切る大きさをだいたい揃えながら、形は不規則でもよい切り方。トマトの場合は縦半分に切り、へたがついていたほうを下にして放射状に好みの幅に切り分け、さらに斜め半分に切る。

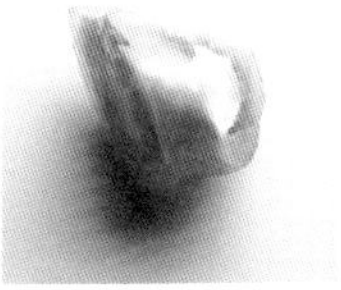

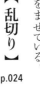

笠原《かさはら》将弘《まさひろ》

東京・恵比寿の日本料理店「賛否両論」店主。１９７２年東京都生まれ。高校卒業後「正月屋吉兆」で9年間修業したのち、父の死をきっかけに武蔵小山にある実家の焼き鳥屋「とり将」を継ぐ。２００４年に「賛否両論」を開業し、予約のとれない人気店として話題になる。２０１３年には名古屋に直営店をオープン。テレビ番組のレギュラー出演をはじめ、雑誌連載、食育活動など幅広く活躍。２０２３年６月にはＹｏｕＴｕｂｅチャンネル「【賛否両論】笠原将弘の料理のほそ道」を開設。流暢な語り口で調理のコツを惜しみなく披露して瞬く間に人気となり、２０２４年9月現在のチャンネル登録者数は80万人を超える。

日本料理　賛否両論
東京都渋谷区恵比寿２-14-４

アートディレクション　中村圭介（ナカムラグラフ）
デザイン　野澤香枝、鈴木茉弓（ナカムラグラフ）
撮影　竹内章雄
スタイリング　遠藤文香
調理アシスタント　矢部美奈子
構成・取材・文　早川徳美
編集担当　澤藤さやか（主婦の友社）

和《わ》食《しょく》屋《や》が教《おし》える、旨《うま》すぎる一《いち》汁《じゅう》一《いっ》飯《ぱん》　汁《しる》とめし

２０２３年10月31日　第１刷発行
２０２４年11月10日　第７刷発行

著者　笠原《かさはら》将弘《まさひろ》
発行者　大宮敏靖
発行所　株式会社 主婦の友社
〒１４１-００２１
東京都品川区上大崎３-１-１
目黒セントラルスクエア
電話　０３-５２８０-７５３７
（内容・不良品等のお問い合わせ）
０４９-２５９-１２３６（販売）
印刷所　大日本印刷株式会社

ISBN978-4-07-455516-1

■本のご注文は、お近くの書店または主婦の友社コールセンター（電話 0120-916-892）まで。
*お問い合わせ受付時間　月～金（祝日を除く）10:00 ～ 16:00
*個人のお客さまからのよくある質問のご案内　https://shufunotomo.co.jp/faq/